Le Ministère De La Vérité Triomphante

LES TERRORISTES SECRETS

Un examen historique approfondi des actions les plus controversées de la société secrète appelée : "les Jésuites".

Bill Hughes

Les livres que le Vatican ne veut pas que vous lisiez

*Première édition en français

LS COMPANY

ISBN 978-1-0882-6010-4

Copyright©2023

Contenu :

Chapitre 1 - L'Amérique cible 5

Chapitre 2 - Le président Andrew Jackson 14

Chapitre 3 - Les présidents Harrison, Taylor et Buchanan 22

Chapitre 4 - Le président Abraham Lincoln 29

Chapitre 5 - Le naufrage du Titanic 40

Chapitre 6 - La première guerre mondiale 45

Chapitre 7 - La deuxième guerre mondiale 50

Chapitre 8 - Le président John F. Kennedy 58

Chapitre 9 - Le massacre de Waco 67

Chapitre 10 - La destruction d'Oklahoma City 75

Chapitre 11 - L'attentat du World Trade Center 82

Chapitre 12 - Le terrorisme religieux en Amérique 92

Chapitre 1—Cibler L'amérique

Les États-Unis doivent bientôt faire face à l'ennemi le plus mortel qu'ils aient jamais eu à affronter. Cet ennemi n'est pas seulement l'ennemi militaire habituel, mais il a l'organisation et la capacité de mener des opérations massives d'espionnage et de clandestinité à l'intérieur des États-Unis. Il utilise une façade pratiquement parfaite pour dissimuler ses opérations. En fait, en ce moment même, cet ennemi travaille secrètement à saper les principes qui ont fait de ce pays la plus grande nation du monde. Cet ennemi a infiltré les plus hauts niveaux et départements du gouvernement américain et représente un danger extrême pour l'Amérique. Examinons un peu l'histoire et comprenons les méthodes que cet ennemi a utilisées dans le passé et comment il travaille secrètement aujourd'hui.

L'Europe est enfin en paix. Les guerres napoléoniennes, qui ont duré près de 20 ans, sont terminées. Le brillant et rusé Napoléon a répandu sur l'Europe le sang de ses fils les plus nobles. La paix règne enfin. Dans la foulée, les souverains européens ont convoqué un conseil général à Vienne, en Autriche, en 1814. Ce conseil est connu sous le nom de Congrès de Vienne. Le Congrès a poursuivi ses travaux pendant un an, jusqu'en 1815.

> Le Congrès de Vienne était une conspiration noire contre les gouvernements populaires, à l'issue de laquelle les "hautes parties contractantes" ont annoncé qu'elles avaient formé une "sainte alliance". Il s'agissait d'une couverture sous laquelle ils se dissimulaient pour tromper le peuple. L'objet particulier du Congrès de Vérone était la RATIFICATION de l'article six du Congrès de Vienne, qui était en fait une promesse d'empêcher ou de détruire les gouvernements populaires partout où ils se trouvaient et de rétablir la monarchie là où elle avait été mise de côté.
>
> Les "hautes parties contractantes" de ce pacte, à savoir la Russie, la Prusse, [l'Allemagne], l'Autriche et le pape Pie VII, roi des États pontificaux, ont conclu un traité secret à cet effet. - Burke McCarty, The Suppressed Truth About the Assassination of Abraham Lincoln, Arya Varta Publishing, 1924, p. 7.[1]

Selon McCarty, le Congrès de Vienne a formé la Sainte-Alliance, dont l'objectif principal était la destruction de tous les gouvernements populaires. Les gouvernements populaires sont ceux qui permettent à leurs sujets de jouir de certains droits inaliénables. Pouvez-vous citer des gouvernements populaires qui s'établissaient dans le monde et accordaient à leurs citoyens certains droits inaliénables autour de l'année 1815 ?

---
[1] ***Toutes les citations sont laissées telles quelles sur la page source.

Le sénateur Robert L. Owen a publié dans le registre du Congrès du 25 avril 1916 la déclaration suivante, qui montre clairement qu'il pensait que la cible principale de la "Sainte Alliance" était les États-Unis.

> La Sainte-Alliance, après avoir détruit le gouvernement populaire en Espagne et en Italie, avait des plans bien préparés pour *détruire* également *le gouvernement populaire dans les colonies américaines* qui s'étaient révoltées contre l'Espagne et le Portugal en Amérique centrale et en Amérique du Sud, sous l'influence de l'exemple réussi des États-Unis.
>
> C'est à cause de cette conspiration des monarchies européennes contre les *républiques américaines* que le grand homme d'État anglais, Canning, a attiré l'attention de notre gouvernement. - Ibid. pp. 9, 10 (c'est nous qui soulignons).

Le sénateur Owen a compris, depuis le Congrès de Vienne, que les monarchies unifiées d'Europe chercheraient à détruire la grande république américaine et ses libertés acquises dans le sang.

Le sénateur Owen n'était pas le seul à connaître cette conspiration contre la liberté et la constitution américaines. En 1894, R.W. Thompson, secrétaire américain à la marine, écrivait,

> Les souverains de la "Sainte-Alliance" avaient rassemblé de grandes armées et s'engagèrent bientôt à les consacrer à la répression de tous les soulèvements des peuples en faveur d'un gouvernement libre ; et il [le pape Pie VII] désirait consacrer les Jésuites, soutenus par son pouvoir pontifical, à l'accomplissement de cette tâche. Il savait avec quelle fidélité ils s'appliqueraient à cette œuvre, et c'est pourquoi il leur conseilla, dans son décret de restauration, d'observer strictement les "conseils utiles et salutaires" par lesquels Loyola avait fait de l'absolution la pierre angulaire de la société. - R.W. Thompson, The Footprints of the Jesuits, Hunt and Eaton, 1894, p. 251.

Thompson a identifié avec précision les agents utilisés par les monarques d'Europe pour détruire la république d'Amérique, à savoir les Jésuites de Rome ! Depuis 1815, les Jésuites n'ont cessé d'attaquer l'Amérique pour tenter de détruire les droits constitutionnels de cette grande nation.

Le célèbre inventeur du code Morse, Samuel B. Morse, a également écrit sur ce sinistre complot contre les États-Unis.

> L'auteur entreprend de démontrer qu'une conspiration contre les libertés de cette République est actuellement en pleine action, sous la direction du rusé prince Metternich d'Autriche, qui, conscient de l'impossibilité d'anéantir par la force des armes cet exemple gênant d'une grande nation libre, tente d'atteindre son objectif par l'intermédiaire d'une armée de Jésuites. L'ensemble des faits et des arguments visant à prouver l'existence d'une telle conspiration étonnera tout homme qui ouvrira le livre avec la même incrédulité que nous. - Samuel B. Morse, Foreign Conspiracy Against the Liberties of the United States, Crocker and Brewster, 1835, Préface.

Les ouvrages détaillant les sinistres complots du Congrès de Vienne et des Jésuites contre la République américaine sont nombreux. Que cette conspiration ait fait rage depuis 1815 est un fait historique. Nous montrerons que cette conspiration est toujours en vigueur aujourd'hui et qu'elle est la raison pour laquelle l'Amérique a tant de problèmes à l'heure actuelle et est si proche de perdre ses libertés.

La plupart des gens savent très peu de choses sur les Jésuites du Pape. La raison en est qu'il s'agit d'une société très secrète. Afin de comprendre ce qu'est l'Ordre des Jésuites, nous vous invitons à lire la citation suivante.

> Dans toute la chrétienté, le protestantisme est menacé par des ennemis redoutables. Les premiers triomphes de la Réforme passés, Rome convoque de nouvelles forces, espérant accomplir sa destruction. C'est à cette époque que fut créé l'ordre des Jésuites, le plus cruel, le plus dépourvu de scrupules et le plus puissant de tous les champions de la papauté. Coupés des liens terrestres et des intérêts humains, morts aux exigences de l'affection naturelle, la raison et la conscience totalement réduites au silence, ils ne connaissaient d'autre règle, d'autre lien que celui de leur ordre, et n'avaient d'autre devoir que d'étendre son pouvoir. L'Évangile du Christ avait permis à ses adhérents d'affronter le danger et d'endurer la souffrance, sans se laisser abattre par le froid, la faim, le labeur et la pauvreté, de soutenir la bannière de la vérité face à la claie, au cachot et au bûcher. Pour lutter contre ces forces, le jésuitisme inspirait à ses adeptes un fanatisme qui leur permettait d'endurer les mêmes dangers et d'opposer au pouvoir de la vérité toutes les armes de la tromperie. Il n'y avait pas de crime trop grand pour qu'ils le commettent, pas de tromperie trop basse pour qu'ils la pratiquent, pas de déguisement trop difficile pour qu'ils l'endossent. Voués à la pauvreté et à l'humilité perpétuelles, leur but étudié était de s'assurer la richesse et le pouvoir, pour se consacrer au renversement du protestantisme et au rétablissement de la suprématie papale.
>
> Lorsqu'ils apparaissaient en tant que membres de leur ordre, ils portaient un vêtement de sainteté, visitant les prisons et les hôpitaux, s'occupant des malades et des pauvres, professant avoir renoncé au monde et portant le nom sacré de Jésus, qui allait de lieu en lieu pour faire le bien. Mais sous cette apparence irréprochable se cachaient souvent les desseins les plus criminels et les plus meurtriers. Un principe fondamental de l'ordre était que la fin justifie les moyens. Selon ce code, le mensonge, le vol, le parjure, l'assassinat étaient non seulement pardonnables mais louables, lorsqu'ils servaient les intérêts de l'Église. Sous divers déguisements, les Jésuites se sont frayé un chemin jusqu'aux bureaux de l'État, s'élevant jusqu'à devenir les conseillers des rois et façonnant la politique des nations. Ils sont devenus des serviteurs chargés d'espionner leurs maîtres. Ils ont créé des collèges pour les fils des princes et des nobles, et des écoles pour les gens du peuple ; et les enfants de parents protestants ont été entraînés dans l'observance des rites popistes. Tout le faste extérieur du culte romain était mis à contribution pour troubler l'esprit, éblouir et captiver l'imagination, et c'est ainsi que la liberté pour laquelle les pères avaient travaillé et perdu leur sang fut trahie par les fils. Les Jésuites se répandirent rapidement dans toute l'Europe, et partout où ils allaient, il s'ensuivit un renouveau de la papauté - E. G. White, The Great Controversy, pp. 234, 235, Pacific Press Publishing Assn. 1911.

Les Jésuites fonctionnent comme la police secrète mondiale de la papauté. Ils sont très discrets et se donnent beaucoup de mal pour garder leurs opérations secrètes. Ils ne disent à personne qu'ils sont Jésuites. À l'extérieur, ils apparaissent comme des gens normaux. Un dernier auteur sera cité ici.

> Ce sont les Jésuites. Cette société d'hommes, après avoir exercé sa tyrannie pendant plus de deux cents ans, est devenue si redoutable pour le monde, menaçant de subvertir entièrement tout l'ordre social, que même le pape, dont ils sont les sujets dévoués, et doivent l'être, par le vœu de leur société, a été contraint de la dissoudre. [Le pape Clément a supprimé l'ordre des Jésuites en 1773.]
>
> Ils n'ont cependant pas été supprimés pendant cinquante ans, avant que l'influence déclinante de la papauté et du despotisme n'exige leurs travaux utiles pour résister à la lumière de la liberté démocratique, et que le pape [Pie VII], en même temps que la formation de la Sainte-Alliance, [1815] ne rétablisse l'ordre des Jésuites dans toute sa puissance...
>
> Les Américains ont-ils besoin qu'on leur dise ce que sont les Jésuites ?... c'est une société secrète, une sorte d'ordre maçonnique, avec des caractéristiques supplémentaires d'une odieuse révolte, et mille fois plus dangereuse. Ils ne sont pas seulement des prêtres, ou d'une seule croyance religieuse ; ce sont des marchands, des avocats, des rédacteurs, et des hommes de toute profession, qui n'ont pas d'insigne extérieur pour se faire reconnaître ; ils sont présents dans toute votre société. Ils peuvent revêtir n'importe quel caractère, celui d'anges de lumière ou de ministres des ténèbres, pour accomplir leur seule grande fin... Ce sont tous des hommes instruits, prêts et assermentés à partir à n'importe quel moment, dans n'importe quelle direction et pour n'importe quel service, commandés par le général de leur ordre, liés à aucune famille, communauté ou pays, par les liens ordinaires qui unissent les hommes, et vendus à vie à la cause du Pontife romain. - J. Wayne Laurens, The Crisis in America : or the Enemies of America Unmasked, G. D. Miller, 1855, pp. 265-267.

Ignace de Loyola a fondé l'Ordre des Jésuites dans les années 1540. Sa position au sein de l'Église catholique romaine a été consolidée lors du Concile de Trente, qui s'est déroulé de 1546 à 1563. Le Concile de Trente a été convoqué avec un grand objectif en tête : comment arrêter la Réforme protestante. La Réforme a commencé en 1517 lorsque Martin Luther, l'intrépide frère allemand, a cloué 95 thèses sur la porte de la chapelle de Wittenburg. Ces thèses contestaient, entre autres, l'odieuse doctrine des indulgences enseignée par Rome, selon laquelle un homme pouvait se sauver et sauver ses proches en versant suffisamment de pièces dans les coffres de l'Église catholique.

Les grands enseignements de Luther, selon lesquels la Bible seule est la norme pour toute doctrine et toute pratique, et qu'une personne est justifiée devant Dieu par la foi en Jésus-Christ seul, ont fait vibrer le cœur de milliers de personnes dans toute l'Europe et ont provoqué des ondes de choc dans les couloirs du Vatican.

Le concile de Trente a donc été convoqué pour contrer la Réforme, d'où le nom de Contre-Réforme, et les Jésuites ont été les principaux outils de Rome pour défaire et détruire toute trace de protestantisme où qu'il se trouve.

Les deux plus grands documents de l'Amérique, la Déclaration d'indépendance et la Constitution, sont remplis de déclarations protestantes qui sont absolument intolérables pour les Jésuites de Rome. Cela vous surprend-il que le Vatican condamne les documents fondateurs des États-Unis ?

> Le Vatican a condamné la Déclaration d'indépendance en la qualifiant de maléfique et a qualifié la Constitution des États-Unis de document satanique. - Avro Manhattan, The Dollar and the Vatican, Ozark Book Publishers, 1988, p. 26.

Voici une partie du serment des Jésuites.

> Je promets et déclare en outre que je n'aurai aucune opinion ou volonté propre, ni aucune réserve mentale, même en tant que cadavre, mais que j'obéirai sans hésiter à tous les ordres que je recevrai de mes supérieurs dans la Milice du Pape... Je promets et déclare en outre que, lorsque l'occasion se présentera, je ferai et mènerai une guerre implacable, secrètement ou ouvertement, contre tous les hérétiques, les protestants et les libéraux, comme on me l'a ordonné, pour les extirper et les exterminer de la surface de la terre entière ; que je n'épargnerai ni âge, ni sexe, ni condition, et que je pendrai, brûlerai, gaspillerai, ferai bouillir, écorcherai, étranglerai et enterrerai vivants ces infâmes hérétiques, déchirerai le ventre et l'utérus de leurs femmes et écraserai la tête de leurs enfants contre les murs, afin d'anéantir à tout jamais leur race exécrable. Si cela ne peut être fait ouvertement, j'utiliserai secrètement la coupe empoisonnée, le cordon étrangleur, l'acier du poniard ou la balle de plomb, sans tenir compte de l'honneur, du rang, de la dignité ou de l'autorité de la personne ou des personnes, quelle que soit leur condition dans la vie, publique ou privée, comme je peux à tout moment être chargé de le faire par un agent du Pape ou un Supérieur de la Fraternité de la Sainte Foi, de la Société de Jésus. - Edwin A. Sherman, The Engineer Corps of Hell ; or Rome's Sapper's and Miners, Private Subscription, 1883, pp. 118-124.

Penser qu'une personne puisse souscrire à un serment aussi abominable défie la raison. On ne peut même pas imaginer un serment plus méprisable. Le mot hérétique dans la citation ci-dessus se réfère à toute personne qui n'est pas d'accord avec le pape.

Dans une lettre de John Adams au président de l'époque, Thomas Jefferson, au sujet des Jésuites, nous lisons,

> N'aurons-nous pas ici des nuées régulières d'entre eux, sous autant de déguisements que seul un roi des gitans peut en revêtir, habillés en peintres, en éditeurs, en écrivains et en maîtres d'école ? S'il y a jamais eu un groupe d'hommes qui méritait la damnation éternelle sur terre et en enfer, c'est bien cette Société de Loyola [les Jésuites]. - George Reimer, The New Jesuits, Little, Brown, and Co, 1971, p. 14.

Napoléon Bonaparte a fait cette déclaration :

Les Jésuites sont une organisation militaire, pas un ordre religieux. Leur chef est un général d'armée, pas un simple père abbé d'un monastère. Et le but de cette organisation est le POUVOIR. Le pouvoir dans son exercice le plus despotique. Le pouvoir absolu, le pouvoir universel, le pouvoir de contrôler le monde par la volonté d'un seul homme. Le jésuitisme est le plus absolu des despotismes, et en même temps le plus grand et le plus énorme des abus....

Le général des Jésuites tient à être le maître, le souverain, du souverain. Partout où les Jésuites sont admis, ils seront maîtres, quoi qu'il en coûte. Leur société est par nature dictatoriale, elle est donc l'ennemie irréconciliable de toute autorité constituée. Tout acte, tout crime, quelque atroce qu'il soit, est une œuvre méritoire, s'il est commis dans l'intérêt de la Compagnie des Jésuites, ou par l'ordre du général. - Général Montholon, Mémorial de la captivité de Napoléon à Sainte-Hélène, pp. 62, 174.

Il n'y a pas de déguisement qu'ils ne puissent endosser et, par conséquent, il n'y a pas de lieu dans lequel ils ne puissent pénétrer. Ils pouvaient entrer sans bruit dans le cabinet du monarque ou dans celui de l'homme d'État. Ils pouvaient s'asseoir sans être vus dans une convocation ou une assemblée générale, et se mêler sans être soupçonnés aux délibérations et aux débats.

Il n'y avait aucune langue qu'ils ne pouvaient parler, aucune croyance qu'ils ne pouvaient professer, et il n'y avait donc aucun peuple parmi lequel ils ne pouvaient séjourner, aucune église dont ils ne pouvaient devenir membres et dont ils ne pouvaient remplir les fonctions. Ils pouvaient exécrer le pape avec le luthérien et jurer la ligue solennelle avec le covenantaire. - J. A. Wylie, The History of Protestantism, Vol. II, p. 412. (cité dans Sydney Hunter, Is Alberto for Real, Chick Publications, page 13).

À la lumière de ces déclarations, plusieurs questions se posent. Puisque les Jésuites ont lancé un assaut direct sur l'Amérique en 1815 et que rien ne leur résiste, les politiques menées aujourd'hui en Amérique sont-elles sous le contrôle de ce despote de Rome ? Les assassinats de certains présidents, comme Abraham Lincoln, William McKinley, James Garfield et William Henry Harrison, ont-ils été inspirés par les Jésuites ? Les atrocités telles que Waco, Oklahoma City et la destruction des tours jumelles de New York ont-elles été planifiées derrière les murs du Vatican ? Qu'en est-il de notre précieuse Constitution et de la Déclaration des droits, qui ont fait l'objet d'attaques incessantes au cours des dernières décennies ? S'agit-il du prix ultime des Jésuites pour anéantir nos précieuses libertés qui ont été acquises à un prix si élevé ? Les chapitres suivants analyseront certaines de ces questions qui donnent à réfléchir.

Comme si le Congrès de Vienne n'était pas assez clair quant aux objectifs des monarques européens et de l'Ordre des Jésuites, deux autres congrès ont été convoqués.

Le premier de ces congrès s'est tenu à Vérone en 1822. Au cours de ce congrès, il a été décidé que l'Amérique serait la cible des émissaires jésuites et que l'Amérique devait être détruite à tout prix. Tous les principes de la Constitution devaient être dissous et de nouveaux principes jésuites devaient être mis en place afin d'exalter la domination de la papauté en Amérique.

L'autre réunion s'est tenue à Chieri, en Italie, en 1825. Voici ce qui y a été décidé.

> En 1825, environ onze ans après la renaissance de l'Ordre des Jésuites, une réunion secrète des principaux Jésuites s'est tenue au collège de Chieri, près de Turin, dans le nord de l'Italie. Lors de cette réunion, des plans ont été discutés pour l'avancement du pouvoir papal dans le monde entier, pour la déstabilisation des gouvernements qui s'y opposent et pour l'écrasement de toute opposition aux projets et ambitions des Jésuites... "Ce que nous visons, c'est l'Empire du Monde...".
>
> "Il faut leur faire comprendre [aux grands de la terre] que la cause du mal, le mauvais levain, subsistera tant que le protestantisme existera, qu'il faut donc abolir complètement le protestantisme... Les hérétiques sont les ennemis que nous sommes tenus d'exterminer...
>
> "Alors la Bible, ce serpent qui, tête dressée et yeux clignotants, nous menace de son venin tandis qu'il traîne sur le sol, sera changé en verge dès que nous serons capables de nous en emparer". - Hector Macpherson, The Jesuits in History, Ozark Book Publishers, 1997, annexe.

L'objectif de Chieri est clair : détruire le protestantisme à tout prix et restaurer le pouvoir temporel de la papauté - DANS LE MONDE ENTIER. En observant Jean-Paul II parcourir le monde et être accepté dans le monde entier comme "l'homme de la paix", nous pouvons voir à quel point le plan des Jésuites, institué à Chieri, fonctionne bien.

Ces trois réunions, à Vienne, Vérone et Chieri, se sont déroulées dans le plus grand secret. Cependant, un homme a assisté aux deux premières réunions et n'a pas voulu être réduit au silence. Le ministre britannique des affaires étrangères, George Canning, a contacté le gouvernement américain pour l'avertir que les monarques d'Europe envisageaient de détruire les institutions libres de l'Amérique.

> C'est à cause de cette conspiration des monarchies européennes contre les républiques américaines que le grand homme d'État anglais Canning a attiré l'attention de notre gouvernement, et nos hommes d'État de l'époque, y compris Thomas Jefferson, qui vivait encore à l'époque, ont pris une part active à la déclaration du président Monroe, dans son prochain message annuel au Congrès des États-Unis, selon laquelle les États-Unis considéreraient comme un acte d'hostilité envers le gouvernement des États-Unis et comme un acte inamical le fait que cette coalition ou toute autre puissance européenne entreprenne d'établir sur le continent américain un contrôle sur une république américaine ou d'acquérir des droits territoriaux.
>
> C'est ce qu'on appelle la "doctrine Monroe". La menace du traité secret de Vérone de supprimer le gouvernement populaire dans les républiques américaines est à la base de la doctrine Monroe. Ce traité secret expose clairement le conflit entre le gouvernement monarchique et le gouvernement populaire, et entre le gouvernement de quelques-uns

et le gouvernement du plus grand nombre. - Burke McCarty, The Suppressed Truth About the Assassination of Abraham Lincoln, page 10.

La doctrine Monroe est la réponse des États-Unis aux congrès jésuites de Vienne et de Vérone. L'Amérique considérerait comme un acte de guerre toute nation européenne cherchant à étendre ses colonies dans l'hémisphère occidental. Les Jésuites ont pu secrètement attaquer et infiltrer l'Amérique pour accomplir exactement ce contre quoi la doctrine Monroe était censée protéger. Ils ont pu s'en tirer parce qu'ils l'ont fait dans le plus grand secret et sous la façade d'une église.

Dans une lettre adressée au président Monroe, Thomas Jefferson fait les observations suivantes :

> La question posée par les lettres que vous m'avez envoyées est la plus importante qui ait jamais été soumise à mon attention depuis celle de l'Indépendance. C'est ce qui a fait de nous une nation, c'est ce qui nous sert de boussole et nous indique la voie à suivre dans l'océan du temps qui s'ouvre à nous. Et jamais nous ne pourrions nous y engager dans des circonstances plus favorables. Notre première maxime, fondamentale, devrait être de ne jamais nous empêtrer dans les querelles de l'Europe. Notre deuxième maxime est de ne jamais laisser l'Europe se mêler des affaires cis-atlantiques. L'Amérique, du Nord et du Sud, a un ensemble d'intérêts distincts de ceux de l'Europe et qui lui sont propres. Elle devrait donc avoir son propre système, séparé de celui de l'Europe. Alors que cette dernière s'efforce de devenir le domicile du despotisme, nous devrions certainement nous efforcer de faire de notre hémisphère celui de la liberté... [Nous devons] déclarer notre protestation contre les violations atroces des droits des nations, par l'ingérence de l'une d'entre elles dans les affaires intérieures d'une autre, si flagrante commencée par Bonaparte, et maintenant poursuivie par l'Alliance tout aussi anarchique, qui se nomme elle-même Sainte...
>
> Nous nous opposerons, avec tous nos moyens, à l'interposition forcée de toute autre puissance... La question proposée aujourd'hui implique des conséquences si durables et des effets si décisifs pour nos destinées futures qu'elle ravive tout l'intérêt que j'ai ressenti jusqu'à présent en de telles occasions et qu'elle m'incite à prendre le risque d'exprimer des opinions qui ne prouveront que mon désir de contribuer encore un peu à tout ce qui peut être utile à notre pays". - Archives, Mount Holyoke College.

Pour Jefferson, il s'agissait d'une crise majeure dans la jeune histoire de l'Amérique, car les Jésuites, rusés et sinistres, avaient reçu l'ordre de viser la destruction de l'Amérique.

La doctrine Monroe s'opposait à toute avancée de l'Europe sur l'Amérique. Cependant, Monroe n'a pas vraiment compris que les astucieux Jésuites n'utiliseraient pas d'abord la force des armes pour atteindre leurs objectifs. Ils utiliseraient la ruse, l'astuce et le plus grand secret. Ils font appel aux sentiments les plus bas des hommes. Ils placeraient leurs agents dans des positions de richesse et de pouvoir et utiliseraient ensuite leur influence pour obtenir leur grand prix - la subversion et la destruction de tous les principes protestants tels qu'ils sont décrits dans la Constitution des États-Unis.

Chapitre 2—Le Président Andrew Jackson

Andrew Jackson a été élu à la présidence en 1828. Sa bravoure et ses compétences militaires lors de la défaite des Britanniques pendant la guerre de 1812 sont bien connues. Il a mené de nombreuses batailles en combat ouvert, mais il est désormais confronté à un ennemi totalement différent. Cet ennemi prétendait être américain comme lui, prétendait vouloir le meilleur pour l'Amérique comme lui, et occupait des postes à haute responsabilité comme lui.

Les Jésuites allaient détruire l'Amérique, comme l'avaient décidé les sinistres Conseils de Vienne, Vérone et Chieri, et c'est sous la présidence d'Andrew Jackson qu'ils ont commencé à appliquer leur trahison dans toute sa force. Ces Jésuites se déplaçaient parmi le peuple américain et ressemblaient à des Américains. Ils étaient en fait des citoyens américains, mais leur loyauté allait au pape de Rome. Leurs objectifs étaient ceux de la papauté. Ces gens étaient des traîtres et représentaient une menace sérieuse pour la pérennité des États-Unis.

> Une nation peut survivre à ses imbéciles, et même à ses ambitieux. Mais elle ne peut survivre à la trahison de l'intérieur. Un ennemi aux portes est moins redoutable, car il est connu et porte ouvertement ses bannières contre la ville. Mais le traître se déplace librement parmi ceux qui se trouvent à l'intérieur des portes, ses chuchotements sournois se faufilent dans toutes les ruelles et sont entendus dans les couloirs mêmes du gouvernement. Car le traître n'a pas l'air d'un traître ; il parle avec les accents familiers à ses victimes, il porte leur visage et leurs vêtements, et il fait appel à la bassesse qui réside au plus profond du cœur de tous les hommes. Il pourrit l'âme d'une nation ; il travaille secrètement et sans qu'on le sache dans la nuit à saper les piliers d'une ville ; il infecte le corps politique pour qu'il ne puisse plus résister. - Marcus Cicéron, s'adressant à César, Crassus, Pompée et au Sénat romain.

Deux de ces traîtres étaient John C. Calhoun et Nicholas Biddle.

Andrew Jackson remporte la présidence en 1828 avec une très large avance. Son vice-président était John C. Calhoun, de Caroline du Sud. Calhoun s'est rendu compte que l'amour de la liberté était très fort dans le cœur de tous les Américains. Il s'est rendu compte que l'esclavage était en train de disparaître rapidement parce que presque tous les territoires achetés à l'Espagne et à la France étaient devenus libres. Sans une expansion continue de l'esclavage, celui-ci finirait par être vaincu. Afin de faire dérailler les tendances anti-esclavagistes en cours en Amérique, Calhoun a lancé un journal à Washington, le United States Telegraph. Dans ce journal, il commence à défendre l'idée des droits des États.

La doctrine des droits des États conduirait inévitablement à l'abolition complète des États-Unis. Elle présumait qu'un État avait le droit inhérent de faire ce qu'il voulait. En vertu des principes des droits des États, si un État voulait faire sécession de l'Union, il pouvait le faire. Les États-Unis finiraient ainsi par disparaître.

Calhoun s'est emparé d'une plaie qui s'envenimait et en a fait la raison pour laquelle les États du Sud se sont séparés de l'Union. Cette plaie était le tarif douanier élevé imposé aux importations étrangères, qui rendait les produits européens plus chers. Comme l'Europe achetait de grandes quantités de coton et d'autres produits de base du Sud, le tarif douanier signifiait que les commerçants du Sud gagnaient moins d'argent sur leurs exportations. Cette taxe aidait les fabricants du Nord, car les marchands du Sud leur achetaient désormais davantage.

Calhoun a convaincu les États du Sud qu'ils faisaient une très mauvaise affaire et qu'ils avaient le droit de quitter l'Union pour cette raison.

> Le Sud, région agricole, était facilement convaincu qu'un tarif élevé sur les importations étrangères lui était préjudiciable. Il entreprit ensuite d'expliquer au Sud que ces droits élevés étaient appliqués à des articles spécifiques et qu'il s'agissait d'une faveur spéciale visant à protéger les intérêts locaux. Il a donc dit aux habitants du Sud : "Vous êtes taxés pour soutenir les fabricants du Nord". C'est sur cette question populaire qu'il a planté le drapeau de la nullité... Cette nouvelle démocratie bâtarde signifiait le droit de détruire, pacifiquement ou par la force, (lorsqu'elle serait prête) l'Union fédérale. - John Smith Dye, The Adder's Den, p. 22.

Peu après que Calhoun eut lancé son journal, une réunion fut convoquée pour honorer la mémoire de Thomas Jefferson. Lors de cette réunion, Andrew Jackson a été invité à prendre la parole. Il s'est levé et a déclaré : "Notre Union fédérale. Elle doit être préservée." Après avoir dit cela, Jackson s'est assis. Calhoun s'est alors levé et a déclaré,

> L'Union est la plus chère de nos libertés. Puissions-nous tous nous rappeler qu'elle ne peut être préservée qu'en respectant les droits des États et en répartissant équitablement les avantages et les charges de l'Union. - Ibid. p. 19.

Calhoun a fait passer l'Union avant nos libertés. C'est l'Union et la Constitution qui ont établi nos libertés. Si l'Union était dissoute, les États seraient à la gorge les uns des autres, comme les pays d'Europe au cours de l'histoire. Les ressources des États seraient constamment utilisées, se préparant toujours à la guerre les uns contre les autres. Tel était l'objectif de Calhoun et de la papauté depuis le début. Leur but était de détruire les États-Unis.

Calhoun a utilisé le tarif pour créer des frictions entre le Nord et le Sud. Le Congrès aurait pu facilement modifier le tarif, ce qui ne justifiait pas la sécession. De nombreuses voix se sont élevées contre ses méthodes sournoises. Daniel Webster a déclaré :

> Monsieur, le monde ne croira pas que toute cette controverse, et tous les moyens désespérés qu'elle exige, n'ont d'autre fondement qu'une divergence d'opinion entre une majorité de la population de Caroline du Sud d'un côté, et une vaste majorité de la population des États-Unis de l'autre. Le monde ne reconnaîtra pas ce fait. Nous qui l'entendons et le voyons, nous avons encore du mal à y croire. - Ibid, p. 25.

Daniel Webster savait que le problème allait bien au-delà d'un simple tarif douanier. Calhoun était le jésuite utilisé pour diviser l'Amérique en deux !

John Quincy Adams, à la Chambre des représentants, a déclaré :

> Contrairement au compromis de M. Clay, aucune victime n'est nécessaire, et pourtant vous proposez de nous lier pieds et poings, de verser notre sang sur l'autel, pour apaiser le mécontentement contre nature du Sud - un mécontentement qui a des racines plus profondes que le tarif douanier, et qui perdurera quand celui-ci sera oublié. - Ibid, p. 25.

Adams avait raison. La question des tarifs douaniers s'est éteinte, mais les braises fumantes de la division ont coupé l'Amérique en deux. Le sang de la guerre civile remonte au jésuite John C. Calhoun.

Alors que nous voyons Calhoun chercher à diviser l'Amérique en deux, souvenons-nous des paroles de l'ancien prêtre catholique Charles Chiniquy.

> Rome a tout de suite compris que l'existence même des États-Unis constituait une formidable menace pour sa propre vie. Dès le début, *elle a perfidement semé les germes de la division et de la haine entre les deux grandes sections de ce pays* et a réussi à diviser le Sud et le Nord sur la question brûlante de l'esclavage. Cette division fut pour elle l'occasion rêvée d'écraser l'un par l'autre et de régner sur les ruines sanglantes de l'un et de l'autre, une politique privilégiée de longue date. - Charles Chiniquy, Cinquante ans dans l'Église de Rome, Chick Publications, p. 291, souligné par l'auteur.

Calhoun n'était pas un citoyen loyal des États-Unis. Il travaillait pour faire avancer l'agenda du pape. Il semblait être un Américain, mais il était en réalité un jésuite dans l'armée du pape qui cherchait à détruire l'Amérique.

Le prêtre Phelan fait cette déclaration.

> Si le gouvernement des États-Unis était en guerre contre l'Église, nous dirions demain : "Au diable le gouvernement des États-Unis" ; et si l'Église et tous les gouvernements du monde étaient en guerre, nous dirions : "Au diable tous les gouvernements du monde". Comment se fait-il que le pape ait un pouvoir aussi énorme ? Parce que le pape est le chef du monde. *Tous les empereurs, tous les rois, tous les princes, tous les présidents du monde sont comme mes enfants d'autel.* - Prêtre Phelan, Western Watchman, 27 juin 1912, souligné par l'auteur.

John C. Calhoun était l'un des enfants de chœur du pape, faisant ce qu'on lui demandait.

Andrew Jackson, dans son message au Congrès en 1832, a déclaré ceci :

> Le droit du peuple d'un seul État de s'absoudre à volonté, et sans le consentement des autres États, de ses obligations les plus solennelles, et de mettre en péril les libertés et le

bonheur de millions de personnes composant cette nation, ne peut être reconnu. Une telle autorité est considérée comme totalement contraire aux principes sur lesquels le gouvernement général est constitué et aux objectifs qu'il est expressément formé pour atteindre. - John Smith Dye, The Adder's Den, p. 25.

Jackson savait que le complot de Calhoun visait à détruire les États-Unis et leurs libertés constitutionnelles, ce qui était inacceptable pour lui. Jackson faisait obstacle aux Congrès de Vienne, de Vérone et de Chieri, et les Jésuites devaient s'occuper de lui.

Nicholas Biddle, un autre de leurs agents, a mené à bien la deuxième phase de l'attaque des Jésuites. Biddle est un brillant financier, diplômé de l'université de Pennsylvanie à l'âge de treize ans. Il était passé maître dans la science de l'argent. Lorsque Jackson accéda à la présidence en 1828, Biddle contrôlait entièrement la banque centrale du gouvernement fédéral. Ce n'était pas la première fois qu'une banque centrale était créée. Deux fois auparavant, d'abord sous Robert Morris, puis sous Alexander Hamilton, une banque centrale avait été tentée, mais dans les deux cas, elle avait échoué en raison d'actions frauduleuses de la part des banquiers qui la contrôlaient. Après la guerre de 1812, une banque centrale a de nouveau été tentée, et c'est dans le cadre de cette troisième tentative que nous retrouvons M. Biddle.

Qui est à l'origine de la tentative de Nicholas Biddle de créer une banque centrale aux États-Unis ?

> La réalité crue est que la dynastie bancaire Rothschild en Europe a été la force dominante, à la fois financièrement et politiquement, dans la formation de la Banque des États-Unis. - G. Edward Griffin, The Creature from Jekyll Island, American Opinion Publishing, p. 331.

> Depuis que N.M. [Rothschild], le fabricant de textile de Manchester, a acheté du coton dans les États du Sud, les Rothschild ont pris de lourds engagements aux États-Unis. Nathan... a accordé des prêts à divers États de l'Union, a été, pendant un certain temps, le banquier européen officiel du gouvernement américain et était un partisan convaincu de la Banque des États-Unis. - Derek Wilson, Rothschild : The Wealth and Power of a Dynasty, Charles Scribner's Sons, p. 178.

> Les Rothschild ont longtemps exercé une forte influence sur la législation financière américaine. Les archives juridiques montrent qu'ils étaient au pouvoir dans l'ancienne Banque des États-Unis. - Gustavus Myers, Histoire des grandes fortunes américaines, Random House, p. 556.

Les instigateurs des efforts de Biddle pour créer la Banque centrale étaient les Rothschild. Pour qui travaillait la famille Rothschild ?

> Sachant que les Rothschild sont une importante famille juive, j'ai consulté l'Encyclopedia Judaica et j'ai découvert qu'ils portaient le titre de "gardiens du trésor du Vatican" (....). La nomination des Rothschild a permis à la papauté noire de bénéficier

d'une confidentialité et d'un secret financiers absolus. Qui irait chercher dans une famille de juifs orthodoxes la clé des richesses de l'Église catholique romaine ? - F. Tupper Saussy, Rulers of Evil, Harper Collins, pages 160 et 161.

Les Rothschild étaient des Jésuites qui utilisaient leur origine juive comme une façade pour couvrir leurs sinistres activités. Les Jésuites, par l'intermédiaire de Rothschild et de Biddle, cherchaient à prendre le contrôle du système bancaire des États-Unis.

Andrew Jackson n'était pas satisfait de la banque centrale. Lorsque Biddle a cherché à renouveler la charte de la banque en 1832, le président Jackson a mis en jeu sa réélection et a opposé son veto à la tentative du Congrès de renouveler la charte. Il a opposé son veto pour trois raisons. La banque était en train de devenir un monopole, elle était inconstitutionnelle et le fait qu'elle soit fortement dominée par des intérêts étrangers (les Jésuites) représentait un grave danger pour le pays. Jackson estimait que la sécurité même de l'Amérique était menacée par ces intérêts étrangers. Il a déclaré :

> N'y a-t-il pas un danger pour notre liberté et notre indépendance dans une banque qui, par nature, est si peu liée à notre pays ? N'y a-t-il pas lieu de trembler pour la pureté de nos élections en temps de paix et pour l'indépendance de notre pays en temps de guerre ? En contrôlant notre monnaie, en recevant nos fonds publics et en tenant des milliers de nos citoyens dans la dépendance, elle serait plus redoutable et plus dangereuse qu'une puissance navale et militaire de l'ennemi. - Herman E. Kross, Documentary History of Banking and Currency in the United States, Chelsea House, pp. 26, 27.

Les commentaires de Jackson n'étaient pas nouveaux. D'autres comprenaient le pouvoir exercé par ceux qui dirigeaient la banque. Mayer Rothschild a dit :

> Laissez-moi émettre et contrôler l'argent d'une nation et je ne me soucie pas de savoir qui écrit les lois. - G. Edward Griffin, La créature de l'île Jekyll, American Opinion Publishing, p. 218.

C'est la règle d'or des Jésuites/Rothschild. C'est celui qui a l'or qui fait les règles !

Griffin écrit ensuite :

> La dynastie Rothschild a conquis le monde de manière plus complète, plus astucieuse et beaucoup plus durable que tous les Césars qui l'ont précédée ou que tous les Hitler qui l'ont suivie. - Ibid, p. 218.

Thomas Jefferson s'exprime ainsi sur la banque centrale.

> Une banque centrale privée émettant la monnaie publique est une plus grande menace pour les libertés du peuple qu'une armée permanente... Nous ne devons pas laisser nos gouvernants nous charger d'une dette perpétuelle. - Ibid. p. 329.

Les Jésuites ont utilisé Biddle et Rothschild pour prendre le contrôle des banques américaines, car ils savaient qu'ils pourraient alors contrôler le peuple et réécrire la Constitution selon la loi papale. Jackson essayait de les arrêter.

Examinons de plus près la banque centrale et voyons pourquoi elle est si dangereuse. La plupart des gens ne comprennent pas la banque centrale, la Réserve fédérale. Voici un scénario très simplifié qui explique à peu près l'une des opérations de la Réserve fédérale.

Il est nécessaire de comprendre que la Federal Reserve Bank n'appartient pas au gouvernement des États-Unis, comme beaucoup le croient. La banque centrale, la Federal Reserve Bank, est une banque privée, détenue par certaines des personnes les plus riches et les plus puissantes du monde. Cette banque n'a rien à voir avec le gouvernement américain, si ce n'est la connexion qui permet l'opération décrite ci-dessous. La Federal Reserve Bank dispose d'un monopole monétaire total, imposé par le gouvernement. Avant l'existence de la banque centrale, chaque banque individuelle était en concurrence avec les autres banques ; les clients, les consommateurs, obtenaient la meilleure affaire. Ce n'est plus le cas aujourd'hui.

Nous savons tous qu'aujourd'hui, le gouvernement des États-Unis emprunte de l'argent et fonctionne avec une dette astronomique. Comment cela se fait-il ? Le bon sens veut qu'une politique d'endettement aussi énorme détruise tôt ou tard l'organisation qui la pratique, car les intérêts de sa dette doivent augmenter au-delà de ses revenus, ce qui rend le remboursement impossible.

Venons-en à notre scénario. Voici, en gros, comment se déroule l'opération. Supposons que le gouvernement des États-Unis veuille emprunter un milliard de dollars. Il émet une obligation pour ce montant, comme le fait une compagnie des eaux lorsqu'elle souhaite lever des fonds pour un nouveau pipeline ou un nouveau barrage. Le gouvernement remet cette obligation pour le milliard de dollars à la Federal Reserve Bank. La Federal Reserve Bank prend l'obligation et donne l'ordre au Department of Printing and Engraving d'imprimer les billets d'une valeur d'un milliard de dollars. Après environ deux semaines, lorsque les billets sont imprimés, le département de l'impression et de la gravure expédie les billets à la Banque fédérale de réserve, qui émet alors un chèque d'environ deux mille dollars pour payer l'impression des billets d'une valeur d'un milliard de dollars. La Federal Reserve Bank prend ensuite le milliard de dollars et le prête au gouvernement des États-Unis, et les habitants du pays paient chaque année des intérêts à un taux exorbitant sur cet argent qui n'a servi à rien. Les propriétaires de la Federal Reserve Bank n'ont rien donné pour cet argent.

Nous constatons donc que lorsque le gouvernement des États-Unis s'endette d'un dollar, un dollar plus les intérêts vont dans les poches des propriétaires de la Federal Reserve Bank. Il s'agit du vol le plus important, le plus colossal jamais perpétré dans l'histoire de l'humanité, et il est si habile, si subtil et si obscurci par la propagande des médias que les victimes ne sont même pas conscientes de ce qui se passe. On comprend pourquoi les Jésuites veulent garder cette opération secrète.

La Constitution des États-Unis donne au Congrès le pouvoir de battre monnaie. Si le Congrès frappait sa propre monnaie comme l'exige la Constitution, il n'aurait pas à payer les centaines de milliards de dollars d'intérêts qu'il verse aujourd'hui chaque année aux banquiers au titre de la dette nationale, pour de l'argent sorti du néant. La monnaie frappée par le Congrès serait exempte de dette.

Biddle a répondu au refus de Jackson de l'autoriser à rétablir la banque centrale en réduisant la masse monétaire du pays. Pour ce faire, il a refusé d'accorder des prêts. Ce faisant, il a bouleversé l'économie et l'argent a disparu. Le chômage a atteint des sommets. Les entreprises ont fait faillite parce qu'elles ne pouvaient pas rembourser leurs emprunts. La nation est entrée dans une dépression panique. Biddle pensait pouvoir forcer Jackson à conserver la banque centrale. Il est si sûr de lui qu'il se vante publiquement d'être à l'origine des malheurs économiques de l'Amérique. À cause de ses vantardises insensées, d'autres ont pris la défense de Jackson et la banque centrale est morte. Elle mourut jusqu'à son rétablissement en 1913. Elle fut alors rétablie par les mêmes personnes (les Jésuites de Rome) dans le même but de mettre l'Amérique à genoux et d'implanter le pouvoir temporel du pape en Amérique.

Le projet des Jésuites de créer une banque centrale en Amérique a été temporairement arrêté pendant la présidence d'Andrew Jackson. Il s'était opposé à la doctrine des droits des États de Calhoun et a mis un terme à la tentative de Biddle de poursuivre la création de la banque centrale. Lorsque les autres moyens échouent, le serment des Jésuites déclare qu'il est louable d'assassiner quelqu'un qui se met en travers de leur chemin.

> Le président s'était attiré la haine indéfectible des scientifiques monétaires, tant en Amérique qu'à l'étranger [les Jésuites étaient furieux]. [Il n'est donc pas surprenant que le 30 janvier 1835, une tentative d'assassinat soit perpétrée contre lui. Miraculeusement, les deux pistolets de l'assaillant ne firent pas mouche, et Jackson fut épargné par un coup du sort. C'est la première fois qu'un président des États-Unis fait l'objet d'une telle tentative d'assassinat. Le futur assassin était Richard Lawrence, qui était vraiment fou ou qui prétendait l'être pour échapper à une punition sévère. Quoi qu'il en soit, Lawrence a été déclaré non coupable pour cause d'aliénation mentale. Plus tard, il s'est vanté auprès de ses amis d'avoir été en contact avec des personnes puissantes en Europe qui avaient promis de le protéger de toute sanction s'il était pris. - Ibid. p. 357.

L'Ordre des Jésuites voulait absolument prendre le contrôle des États-Unis. Ils se sont infiltrés dans les plus hautes sphères du gouvernement et ont utilisé leurs agents pour contrôler le système bancaire américain. Ils recouraient également à l'assassinat lorsque cela s'avérait nécessaire pour détruire toute opposition à leurs plans. Andrew Jackson a failli être assassiné par un jésuite qui s'est vanté de l'existence de puissants Européens (les Jésuites) qui l'auraient libéré s'il avait été pris. D'autres présidents ont subi la colère éternelle de Rome. Plusieurs ont été assassinés, d'autres ont échappé à une mort certaine. Le chapitre suivant, qui traite des présidences de William Henry Harrison, Zachary Taylor et James Buchanan, apportera des précisions à ce sujet.

Chapitre 3—Les Présidents Harrison, Taylor Et Buchanan

William Henry Harrison a été élu à la présidence des États-Unis en 1841. À 67 ans, il est déjà bien avancé en âge, mais il est en très bonne santé et robuste. Tous ceux qui le connaissaient pensaient qu'il n'aurait aucun mal à aller jusqu'au bout de ses quatre années de mandat. Cependant, trente-cinq jours seulement après avoir prêté serment, le président Harrison est mort le 4 avril 1841. La plupart des encyclopédies, sinon toutes, vous diront qu'il est mort d'une pneumonie après avoir prononcé son discours d'investiture dans le froid intense de Washington, D.C., mais ce n'est pas exact. Il n'est pas mort d'une pneumonie.

Lorsque Harrison est entré en fonction, la situation était très tendue dans le pays. Des troubles se préparent entre le Nord et le Sud sur la question de l'esclavage. L'annexion du Texas fait l'objet d'une controverse, qu'il s'agisse d'un État libre ou d'un État esclavagiste. Six ans auparavant, le président Jackson avait été victime d'un attentat. Harrison est entré en fonction vingt ans à peine avant la guerre de Sécession. L'influence des Jésuites pèse lourdement sur l'Amérique.

Comme nous l'avons déjà vu, les congrès de Vienne, Vérone et Chieri étaient déterminés à détruire le gouvernement populaire partout où il se trouvait. La cible principale était les États-Unis et la destruction de tous les principes protestants. Les ignobles Jésuites ont reçu l'ordre de mener à bien cette destruction.

Andrew Jackson a dû faire face aux assauts des Jésuites par l'intermédiaire des champs de mines politiques de John C. Calhoun et de la magie financière de Nicholas Biddle. William Henry Harrison avait également refusé de suivre les objectifs des Jésuites pour l'Amérique. Dans son discours d'investiture, il a fait les commentaires suivants :

> Nous n'admettons aucun gouvernement de droit divin, car nous croyons qu'en ce qui concerne le pouvoir, le Créateur bienfaisant n'a fait aucune distinction entre les hommes ; que tous sont égaux et que le seul droit légitime de gouverner repose sur l'octroi explicite du pouvoir par les gouvernés. - Burke McCarty, The Suppressed Truth About the Assassination of Abraham Lincoln, Arya Varta Publishing, p. 44.

Par cette déclaration, le président Harrison venait de s'attirer les foudres mortelles des Jésuites.

> Par ces mots sans équivoque, le président Harrison a clairement exprimé sa position ; il a défié les ennemis de droit divin de notre gouvernement populaire [Burke McCarty parle de Rome lorsqu'elle dit cela]. [Oui, il a fait plus, car ce sont ces mots qui ont signé son arrêt de mort. Un mois et cinq jours plus tard, le président Harrison gisait à la Maison

Blanche. Il est mort d'un empoisonnement à l'arsenic, administré par les outils de Rome. Le serment des Jésuites a été rapidement exécuté :

> "Je promets et déclare en outre que, lorsque l'occasion se présentera, je mènerai une guerre implacable, secrètement ou ouvertement, contre tous les hérétiques, les protestants et les libéraux, comme on me l'a demandé, afin de les extirper et de les exterminer de la surface de la terre..... Que lorsque cela ne peut être fait ouvertement, j'utiliserai secrètement la coupe de poison sans tenir compte de l'honneur, du rang, de la dignité ou de l'autorité de la personne ou des personnes... quelle que soit leur condition dans la vie, publique ou privée, comme je peux à tout moment en recevoir l'ordre d'un agent du Pape ou d'un Supérieur de la Fraternité de la Sainte Foi de la Compagnie de Jésus". - Ibid. pp. 44, 46.

Pendant près de mille ans, les papes catholiques romains ont estimé qu'ils régnaient de droit divin, que leur pouvoir venait directement de Dieu et que tous les hommes devaient se plier à leur autorité et à leur contrôle. Si un dirigeant ne soumet pas sa position et le pays qu'il gouverne aux mains du pape, il n'a pas le droit de gouverner. Lorsque Harrison a déclaré que "nous n'admettons aucun gouvernement de droit divin", il a déclaré que lui et les États-Unis n'allaient en aucun cas se soumettre au contrôle du pape. Pour le pape et ses odieux jésuites, il s'agissait d'une gifle qu'ils estimaient devoir traiter immédiatement.

Ce n'est pas Harrison seul qui a rejeté l'autorité de Rome, car il ne faisait qu'énoncer ce que la Déclaration d'indépendance et la Constitution avaient déclaré avant lui. Notre République a totalement refusé le contrôle que le pape et les jésuites tentaient d'exercer. Lorsqu'une nation, une église ou un individu refuse de se soumettre à l'autorité de la papauté, c'en est fini d'eux. À moins que Dieu n'intervienne, la vie de ceux qui s'opposent à la papauté s'achèvera.

Ce concept est complètement étranger à la pensée des personnes qui ont vécu sous un gouvernement libre et constitutionnel. Les droits inaliénables d'adorer Dieu selon les préceptes de sa propre conscience et un gouvernement sans roi sont considérés comme allant de soi aux États-Unis aujourd'hui. Nous ne réalisons pas que la déclaration de Harrison était un poignard visant le cœur de l'existence de la papauté.

La reine Élisabeth d'Angleterre est une autre souveraine qui a refusé de se laisser dicter sa conduite par la papauté. Elle était l'une des filles d'Henri VIII et a régné sur l'Angleterre de 1558 à 1603. Elle est montée sur le trône après la mort de sa demi-sœur, "Bloody Mary", qui a régné sur l'Angleterre de 1553 à 1558. Marie était une souveraine catholique, tandis qu'Élisabeth était protestante.

> Après son accession, Elizabeth écrit à Sir Richard Crane, l'ambassadeur anglais à Rome, pour informer le peuple de son accession. Mais "Sa Sainteté" l'informe que l'Angleterre est un fief [serviteur ou esclave] du "Saint-Siège", qu'Élisabeth n'a pas le droit

d'assumer la couronne sans sa permission, qu'elle n'est pas née d'un mariage légitime et qu'elle ne peut donc pas régner sur l'Angleterre ; que sa solution la plus sûre est de renoncer à toute prétention au trône et de se soumettre entièrement à sa volonté ; alors, il la traitera aussi tendrement que possible. Mais si elle refusait son "conseil", il ne l'épargnerait pas ! Elle refusa le conseil du pape, et la haine de Pie et de ses successeurs fut assurée. - J.E.C. Shepherd, The Babington Plot, Wittenburg Publications, p. 46.

La reine Élisabeth a sagement rejeté le prétendu "droit divin" de la papauté à régner sur le trône d'Angleterre et à le contrôler. C'est pourquoi elle a fait l'objet d'au moins cinq tentatives d'assassinat. Ces tentatives ont toutes échoué parce qu'elle disposait d'un superbe groupe de services secrets, et sa vie a été sauvée.

Lorsque la papauté se rendit compte que tous ses efforts pour assassiner Elizabeth avaient échoué, elle se tourna vers l'un de ses fils catholiques, Philippe II d'Espagne. En 1580, la papauté a organisé l'invasion de l'Angleterre par l'Espagne.

> Plus tard, c'est le pape Sixte X qui promit à Philippe d'Espagne un million de scudi pour l'aider à équiper son "Invincible Armada" afin de détruire le trône d'Élisabeth, et la seule condition que le pape posa à l'octroi de son don : "qu'il ait la nomination du souverain anglais et que le royaume devienne un fief de l'Église". - Ibid, p. 47.

La célèbre Armada espagnole a été envoyée pour écraser l'Angleterre parce qu'Élisabeth refusait de céder son trône et son royaume au pape. Pendant trente ans, les Jésuites ont essayé de tuer Élisabeth, mais sans succès. Finalement, ils ont conspiré avec Philippe II d'Espagne pour l'anéantir avec l'Armada.

> Nous accusons les papes de la "succession" d'avoir été les principaux artisans, tout au long de la vie adulte d'Elisabeth, de sa destruction délibérée et de celle de son royaume, en forçant le retour de l'Angleterre sous la domination de leur système diabolique et esclavagiste, appelé "Église catholique romaine". Non seulement le pape a été le principal instigateur des intrigues séditieuses en Angleterre, mais il a également été le moteur de la trahison en cours.
>
> Le pape insistait pour exercer une *autorité et une souveraineté absolues sur tous les rois et princes,* et osait s'arroger les prérogatives de la divinité en maniant ses épées "spirituelles" et "temporelles". - Ibid, pp. 98, 99 (c'est nous qui soulignons).

De même, lorsque William Henry Harrison prêta serment pour devenir président des États-Unis, les Jésuites virent un homme qui s'opposait ouvertement à eux et à leurs projets. Malheureusement, le président Harrison fut empoisonné trente-cinq jours seulement après le début de son mandat.

> Le général Harrison n'est pas mort d'une maladie naturelle - il n'a pas perdu sa santé ou ses forces - mais de quelque chose de soudain et de fatal. Il n'est pas mort d'apoplexie ; c'est une maladie. Mais l'arsenic produirait un effet soudain et serait également fatal dès le début. C'est l'arme principale de l'assassin médical. L'acide oxalique, l'acide prucique ou les sels de strychnine entraîneraient une mort quasi instantanée et ne laisseraient que peu de chances d'évasion au meurtrier. Il ne s'agissait donc pas d'un cas d'empoisonnement aigu, où la mort est presque instantanée, mais d'un cas

d'empoisonnement chronique, où le patient meurt lentement. Il a vécu environ six jours après avoir reçu la drogue. - John Smith Dye, The Adder's Den, p. 37.

Le sénateur américain Thomas Benton est d'accord.

> Aucune défaillance de santé ou de force ne laissait présager un tel événement, ni ne faisait craindre qu'il n'achève pas son mandat avec la même vigueur qu'il l'avait commencé. Son attaque a été soudaine et manifestement fatale dès le début. - Sénateur Thomas Benton, Thirty Years View, volume II, p. 21. (cité dans le livre de John Smith Dye, The Adder's Den, page 36).

William Henry Harrison est le premier président à être victime des Jésuites dans leur tentative de prendre le contrôle des États-Unis, de détruire la Constitution et d'installer la papauté comme chef suprême en Amérique. Si un président américain ou tout autre dirigeant refusait d'obéir aux ordres des Jésuites, il serait lui aussi la cible d'un assassinat. Zachary Taylor a refusé de participer à la destruction de l'Amérique et il a été le prochain à tomber.

Taylor était connu pour être un grand militaire. Ses amis l'appelaient "Old Rough and Ready". Il est arrivé à la Maison Blanche en 1848 et seize mois plus tard, il était mort.

> .... Ils ont utilisé l'invasion de Cuba comme test pour le président Taylor et avaient préparé leurs plans pour lancer leur projet infâme au début de son administration, mais dès le début, le président Taylor a étouffé tout espoir de le voir se réaliser au cours de son mandat. - Burke McCarty, The Suppressed Truth About the Assassination of Abraham Lincoln, Arya Varta Publishing, p. 47.

Voici ce qui se serait passé si Zachary Taylor avait envahi Cuba. L'Autriche catholique, l'Espagne catholique, la France catholique et l'Angleterre catholique attendaient toutes, prêtes à livrer bataille aux États-Unis d'Amérique s'ils avaient envahi Cuba. Quelle chance aurait eu cette jeune république face aux puissances unies de l'Europe catholique de l'époque ? La papauté l'a bien compris et c'est pourquoi elle a tant poussé Taylor à l'invasion.

Taylor a commis un autre "crime" contre Rome. Il a parlé avec passion de la préservation de l'Union. Les Jésuites s'efforçaient de diviser la nation en deux, tandis que le Président s'efforçait de la maintenir unie. L'agent jésuite John C. Calhoun s'est rendu au Département d'État et a demandé au président de ne rien dire sur l'Union dans son prochain message. Mais Calhoun n'eut que peu d'influence sur Taylor, car après sa visite, le passage remarquable suivant fut ajouté au discours de Taylor,

> L'attachement à l'Union des États devrait être encouragé dans le cœur de chaque Américain. Pendant plus d'un demi-siècle au cours duquel des royaumes et des empires sont tombés, cette Union est restée inébranlable.... À mon avis, sa dissolution serait la plus grande des calamités et l'éviter devrait être l'objectif constant de chaque Américain. De

sa préservation dépend notre propre bonheur et celui des générations à venir. Quels que soient les dangers qui la menacent, je la soutiendrai et la maintiendrai dans son intégrité dans toute l'étendue des obligations qui me sont imposées et des pouvoirs qui me sont conférés par la Constitution. - John Smith Dye, The Adder's Den, pp. 51, 52.

McCarty reprend l'histoire à partir de là,

> Il n'y a pas eu d'argumentation à ce sujet. Les dirigeants pro-esclavagistes ne pouvaient pas compter sur Taylor, ils ont donc décidé de l'assassiner...
>
> Les archipotentiaires, craignant que la mort du président au début de son mandat n'éveille les soupçons, comme ce fut le cas pour le président Harrison, lui permirent d'exercer son mandat pendant un an et quatre mois, lorsque le 4 juillet, de l'arsenic lui fut administré au cours d'une célébration à Washington à laquelle il avait été invité à prononcer le discours. En parfaite santé le matin, il tomba malade l'après-midi vers cinq heures et mourut le lundi suivant, après avoir été malade le même nombre de jours et avoir présenté exactement les mêmes symptômes que son prédécesseur, le président Harrison. - Burke McCarty, The Suppressed Truth About the Assassination of Abraham Lincoln, Arya Varta Publishing, p. 48.
>
> Le pouvoir esclavagiste [les Jésuites] avait désormais suffisamment de raisons de le considérer comme un ennemi, et son histoire leur a permis de comprendre qu'il ne s'est jamais rendu. Ceux qui s'occupaient politiquement de l'esclavage avaient depuis longtemps juré que personne n'occuperait jamais le fauteuil présidentiel s'il s'opposait à leurs projets dans l'intérêt de l'esclavage. Ils ont décidé de lui ôter la vie....
>
> La puissance esclavagiste [les Jésuites] l'a compris et a décidé de le servir comme elle avait déjà servi le général Harrison ; elle n'attendait qu'une occasion favorable pour mettre à exécution ses desseins infernaux. La célébration du 4 juillet était proche et il fut décidé de profiter de ce jour pour lui administrer la drogue fatale. - John Smith Dye, The Adder's Den, pp. 52, 53.

Six ans plus tard, James Buchanan, un démocrate de Pennsylvanie, est élu président. James Buchanan a dîné avec les Sudistes et il semble qu'il soit prêt à se plier à leurs désirs.

> Le nouveau président s'est avéré être un "Trimmer" déterminé. Bien qu'il soit un homme du Nord, il a fortement courtisé les dirigeants du Sud et leur a fait comprendre qu'il était "avec eux corps et âme", bref, il les a doublés...
>
> L'homme avait manifestement l'oreille attentive et avait entendu le grondement des roues des abolitionnistes.... Il les informa froidement qu'il était le président du Nord et du Sud. Ce changement d'attitude s'est traduit par une prise de position très ferme à l'encontre de Jefferson Davis et de son parti, et il a fait part de son intention de régler la question de l'esclavage dans les États libres à la satisfaction de la population de ces États.
> - Burke McCarty, The Suppressed Truth About the Assassination of Abraham Lincoln, Arya Varta Publishing, p. 50.

James Buchanan n'a pas eu à attendre longtemps pour savoir ce que les Jésuites lui feraient pour les avoir trahis.

> Le jour de l'anniversaire de Washington, la position de Buchanan est connue et le lendemain, il est empoisonné. Le complot était profond et planifié avec habileté. M. Buchanan, comme il était d'usage pour les hommes de son rang, avait fait réserver une table et des chaises pour lui et ses amis dans la salle à manger de l'hôtel National. Le président était connu pour être un buveur de thé invétéré ; en fait, les gens du Nord boivent rarement autre chose le soir. Les hommes du Sud préfèrent le café. Ainsi, pour s'assurer de la sécurité de Buchanan et de ses amis du Nord, de l'arsenic a été saupoudré dans les bols contenant le thé et le sucre en morceaux et placés sur la table où il devait s'asseoir. Le sucre pulvérisé dans les bols utilisés pour le café sur les autres tables ne contient pas de poison. Pas un seul homme du Sud n'a été affecté ou blessé. Cinquante ou soixante personnes ont dîné à cette table ce soir-là et, d'après ce que l'on sait, environ trente-huit d'entre elles sont mortes des effets du poison. Le président Buchanan a été empoisonné et a eu beaucoup de mal à sauver sa vie. Ses médecins l'ont traité avec compréhension sur la base des instructions qu'il avait lui-même données quant à la cause de la maladie, car il comprenait bien de quoi il s'agissait.
>
> Depuis l'apparition de l'épidémie, les tables de l'Hôtel National sont presque vides.
>
> Les propriétaires de l'hôtel, les employés ou les domestiques en ont-ils souffert ? Si non, en quoi leur régime alimentaire et leur logement différaient-ils de ceux des clients ?
>
> Cette calamité est plus complexe qu'il n'y paraît. C'est une affaire qui ne doit pas être traitée à la légère. - The New York Post, 18 mars 1857.

James Buchanan a été empoisonné et a failli mourir. Il a survécu parce qu'il savait qu'il avait été empoisonné à l'arsenic et qu'il en a informé ses médecins. Il savait que les Jésuites avaient empoisonné Harrison et Taylor.

L'Ordre des Jésuites a de nouveau respecté son serment d'empoisonner, de tuer ou de faire tout ce qui était nécessaire pour éliminer ceux qui s'opposaient à ses plans. De 1841 à 1857, trois présidents ont été attaqués par les Jésuites, comme l'indiquent les congrès de Vienne, de Vérone et de Chieri. Deux sont morts et un s'en est sorti de justesse. Ils ne laissent rien s'opposer à leur domination totale de l'Amérique et à la destruction de la Constitution. En regardant l'Amérique, les prêtres de Rome ont déclaré,

> Nous sommes également déterminés à prendre possession des États-Unis, mais nous devons procéder dans le plus grand secret.
>
> Silencieusement et patiemment, nous devons masser nos catholiques romains dans les grandes villes des États-Unis, en nous rappelant que le vote d'un pauvre ouvrier, même s'il est couvert de haillons, a autant de poids dans l'échelle des pouvoirs que celui du millionnaire Astor, et que si nous avons deux votes contre le sien, il deviendra aussi impuissant qu'une huître. Multiplions donc nos votes ; appelons nos pauvres mais fidèles catholiques irlandais de tous les coins du monde et rassemblons-les au cœur même des villes de Washington, New York, Boston, Chicago, Buffalo, Albany, Troy, Cincinnati.
>
> À l'ombre de ces grandes villes, les Américains se considèrent comme une race de géants invincibles. Ils considèrent les pauvres catholiques irlandais avec un mépris

suprême, comme seulement aptes à creuser leurs canaux, à balayer leurs rues et à travailler dans leurs cuisines. Que personne ne réveille aujourd'hui ces lions endormis. Prions Dieu pour qu'ils continuent à dormir quelques années de plus, ne se réveillant que pour constater que leurs votes sont inférieurs en nombre, car nous les exclurons à jamais de toute position d'honneur, de pouvoir et de profit... Que penseront ces soi-disant géants lorsque pas un seul sénateur ou membre du Congrès ne sera choisi, à moins qu'il ne se soit soumis à notre saint-père le pape !

Nous ne nous contenterons pas d'élire le président, mais nous remplirons et commanderons les armées, les marines et détiendrons les clés du trésor public !...

Alors, oui ! alors, nous gouvernerons les États-Unis et les mettrons aux pieds du Vicaire de Jésus-Christ, afin qu'il mette fin à leur système d'éducation impie et à leurs lois impies sur la liberté de conscience, qui sont une insulte à Dieu et à l'homme ! -Charles Chiniquy, Cinquante ans dans l'Église de Rome, Chick Publications, pp. 281,282.

Lorsqu'on dit "Vicaire de Jésus-Christ", il s'agit du pape.

Chapitre 4—Le Président Abraham Lincoln

En 1856, un esclave en fuite nommé Dred Scott avait tenté d'obtenir la liberté dans l'État libre du Kansas. L'affaire était si importante qu'elle est allée jusqu'à la Cour suprême. La tristement célèbre décision Dred Scott a été rendue par le juge Taney, catholique fanatique et président de la Cour suprême des États-Unis à l'époque. En résumé, la décision Taney stipulait que le Noir n'avait aucun droit que l'homme blanc devait respecter. En gros, cela signifiait que l'homme noir était inférieur à l'homme blanc et qu'il n'avait aucun droit. Abraham Lincoln, enfant, avait assisté à la vente de jeunes hommes et femmes noirs dans une petite ville de l'Illinois. Alors qu'il passait avec un ami devant une vente aux enchères d'esclaves, Lincoln s'est tourné vers son ami et lui a dit : "Un jour, je vais frapper fort !".

En novembre 1855, Charles Chiniquy, un prêtre catholique de Kankakee, dans l'Illinois, avait été attaqué dans une série de procès par l'évêque du diocèse de Chicago. Chiniquy avait souvent parlé de tempérance et des méfaits de l'alcool. Comme de nombreux prêtres étaient alcooliques et que la plupart des autres étaient des buveurs mondains, les discours de Chiniquy sur la tempérance n'étaient pas appréciés. Chiniquy cite souvent la Bible pour défendre certaines de ses positions. Cela a fortement attisé la colère de l'évêque catholique de Chicago. Pour le faire taire, Chiniquy fut piégé, accusé par une parente d'un prêtre immoral de s'être mal conduit envers elle.

L'affaire de Charles Chiniquy a été tellement médiatisée dans la presse de l'Illinois que très peu d'avocats souhaitent le défendre. Ils ont compris qu'ils ne se battaient pas seulement contre un prêtre de Chicago, mais contre l'Église catholique romaine. Charles Chiniquy apprend l'existence d'Abe Lincoln, un avocat très loyal et intègre de l'Illinois. Chiniquy envoya un télégramme à Lincoln pour lui demander ses services et dans les vingt minutes qui suivirent, il reçut une réponse disant : "Oui, je défendrai votre vie et votre honneur lors de la prochaine session de mai du tribunal d'Urbana". Signé A. Lincoln.

raconte Chiniquy,

> Le moment arriva où le shérif de Kankakee dut me traîner à nouveau comme un criminel et un prisonnier à Urbana, et me remettre entre les mains du shérif de cette ville. J'y suis arrivé le 20 octobre avec mes avocats, MM. Osgood et Paddock, et une douzaine de témoins. M. Abraham Lincoln ne m'avait précédé que de quelques minutes depuis Springfield. - Charles Chiniquy, Cinquante ans dans l'Église de Rome, Chick Publications, p. 273.

Lorsque Charles Chiniquy fut défendu par Abraham Lincoln, nous lisons,

Il a ensuite décrit la carrière du père Chiniquy, la façon dont il avait été injustement persécuté et a conclu en disant : "Tant que Dieu me donnera un cœur pour ressentir, un cerveau pour penser ou une main pour exécuter ma volonté, je la consacrerai à cette puissance qui a tenté d'utiliser les mécanismes des tribunaux pour détruire les droits et le caractère d'un citoyen américain". Et cette promesse faite par Abraham Lincoln à l'âge mûr, il l'a également tenue. - Burke McCarty, The Suppressed Truth about the Assassination of Abraham Lincoln, Arya Varta Publishing, p. 41.

Lincoln se rend compte que Chiniquy a été injustement accusé. La nuit précédant la condamnation de Chiniquy à la prison pour un crime qu'il n'avait pas commis, un témoin oculaire, qui avait entendu le complot visant à détruire Chiniquy, s'est présenté et il a été sauvé.

Abraham Lincoln s'est fait beaucoup d'ennemis à la suite du procès Chiniquy. En quittant la salle d'audience, Charles Chiniquy est en larmes. Abraham Lincoln lui demande,

Père Chiniquy, pourquoi pleurez-vous ? "Cher M. Lincoln, répondis-je, permettez-moi de vous dire que la joie que je devrais naturellement ressentir pour une telle victoire est anéantie dans mon esprit par la crainte de ce qu'elle pourrait vous coûter. Il y avait au tribunal pas moins de dix ou douze jésuites de Chicago et de Saint-Louis, venus entendre ma sentence de condamnation au pénitencier......Ce qui trouble mon âme en ce moment et me tire des larmes, c'est qu'il me semble avoir lu votre sentence de mort dans leurs yeux diaboliques. Combien d'autres nobles victimes sont déjà tombées à leurs pieds ! - Charles Chiniquy, Cinquante ans dans l'Église de Rome, p. 280, 281.

Abraham Lincoln, dès 1855 et 1856, était déjà un homme marqué que Rome cherchait à détruire. Quatre ans plus tard, en 1860, Abraham Lincoln est élu président des États-Unis. Alors qu'il se rendait de l'Illinois à Washington, il dut traverser la ville de Baltimore. Il dira plus tard à Charles Chiniquy,

Je suis ravie de vous retrouver.... Vous voyez que vos amis, les Jésuites, ne m'ont pas encore tué. Mais ils l'auraient certainement fait lors de mon passage dans leur ville la plus dévouée, Baltimore, si je n'étais pas passé incognito quelques heures avant qu'ils ne m'attendent. Nous avons la preuve que la compagnie qui avait été choisie et organisée pour m'assassiner était dirigée par un catholique romain enragé appelé Byrne ; elle était presque entièrement composée de catholiques romains ; plus encore, il y avait parmi eux deux prêtres déguisés pour les diriger et les encourager..... J'ai vu M. Morse, le savant inventeur de la télégraphie électrique : il m'a dit que lorsqu'il était à Rome, il n'y a pas longtemps, il avait découvert les preuves de la plus formidable conspiration contre ce pays et toutes ses institutions. Il est évident que c'est aux intrigues et aux émissaires du pape que nous devons en grande partie l'horrible guerre civile qui menace de couvrir le pays de sang et de ruines.

Je regrette que le professeur Morse ait dû quitter Rome avant de pouvoir en savoir plus sur les plans secrets des Jésuites contre les libertés et l'existence même de ce pays. - Ibid. p. 292.

Vingt hommes avaient été engagés à Baltimore pour assassiner le président élu sur le chemin de Washington. Le chef de cette bande était un réfugié italien, barbier bien connu à Baltimore. Leur plan était le suivant : lorsque M. Lincoln arriverait dans cette ville, les assassins devaient se mêler à la foule, s'approcher le plus possible de sa personne et tirer sur lui avec leurs pistolets. S'il se trouvait dans une voiture, des grenades avaient été préparées, remplies de poudre détonante, comme celle qu'Orsini avait utilisée lors de la tentative d'assassinat de Louis Napoléon. Ces grenades devaient être jetées dans la voiture et, pour que la mort soit doublement assurée, les pistolets devaient être déchargés dans le véhicule au même moment. Les assassins disposent d'un navire prêt à les accueillir dans le port. De là, ils seraient transportés à Mobile, dans l'État sécessionniste de l'Alabama. - John Smith Dye, The Adder's Den, p. 113.

Un barbier italien bien connu à Baltimore, un romaniste, l'aurait poignardé alors qu'il était assis dans sa voiture, au départ du dépôt. - Burke McCarty, The Suppressed Truth About the Assassination of Abraham Lincoln, Arya Varta Publishing, p. 66.

Heureusement, le premier complot des Jésuites pour tuer Lincoln a échoué, car ils cherchaient à tuer Lincoln avant qu'il n'atteigne la Maison Blanche !

Lors d'un voyage en train, John Wilkes Booth laisse tomber une lettre que lui a adressée Charles Selby. Peu de temps après, la lettre a été retrouvée et

Elle fut remise au président Lincoln qui, après l'avoir lue, y inscrivit le mot "Assassination" et la rangea dans son bureau où elle fut retrouvée après sa mort et déposée comme pièce à conviction au tribunal. - Ibid. p. 131.

Voici un extrait de la lettre :

Abe doit mourir, et maintenant. Vous pouvez choisir vos armes, la tasse, le couteau, la balle. *Le gobelet nous a fait défaut une fois et pourrait à nouveau nous faire* défaut.... Vous savez où trouver vos amis. Vos déguisements sont si parfaits et complets..... Frappez pour votre maison ; frappez pour votre pays ; attendez votre heure, mais frappez sûrement. - Ibid. p. 132. (souligné par l'auteur).

Cette lettre a été utilisée pour aider à condamner Mme Mary E. Surratt et certains autres conspirateurs dans les procès de l'assassinat de Lincoln.

Ils voulaient le poignarder. En cas d'échec, ils devaient lui tirer dessus et le faire exploser. En cas d'échec, ils ont essayé de l'empoisonner. "Ils" étaient les émissaires du Pape, les Jésuites. John Smith Dye, qui a été témoin de ces événements, raconte,

> Ce fut un jour sombre dans l'histoire de notre pays lorsqu'une garde armée dut encercler l'hôtel (Willard's) où le premier magistrat avait pris un logement temporaire pour empêcher son assassinat. Le jour de son investiture (4 mars 1861), il a été escorté jusqu'à Pennsylvania Avenue par un carré de cavalerie et le général Scott a fait preuve de la plus grande vigilance pour éviter qu'il ne soit assassiné publiquement sur le chemin du Capitole, où il devait prononcer son discours d'investiture depuis le portique est. Ce furent des temps terribles.... - John Smith Dye, The Adder's Den, p. 135.

Lorsque vous vous souvenez du Conseil de Vienne, de Metternich, du pape et des plans de l'Ordre des Jésuites pour détruire ce pays, détruire sa liberté, détruire le protestantisme et tuer des présidents, qu'est-ce que cela vous dit sur le caractère mauvais, vicieux et malveillant des Jésuites ? Lorsque vous vous souvenez des tentatives d'assassinat d'Andrew Jackson, de

William Henry Harrison, de Zachary Taylor, de James Buchanan, d'Abraham Lincoln et enfin de son assassinat, qu'est-ce que cela vous apprend sur l'Église catholique ? Cela vous montre que leur façade d'église n'est que cela, une façade. Elle se cache derrière un masque religieux pour ne pas être soupçonnée des nombreuses abominations qu'elle ne cesse de perpétrer dans ce pays et dans le monde entier. Que Dieu nous aide à ne jamais avoir affaire à cette organisation satanique.

Abraham Lincoln a déclaré

Tant de complots ont déjà été ourdis contre ma vie que c'est un véritable miracle qu'ils aient tous échoué, si l'on considère que la grande majorité d'entre eux étaient entre les mains d'habiles assassins catholiques romains, manifestement formés par les Jésuites. Mais pouvons-nous nous attendre à ce que Dieu fasse un miracle perpétuel pour sauver ma vie ? Je ne le crois pas. Les Jésuites sont si experts dans ces actes de sang qu'Henri IV a dit qu'il était impossible de leur échapper, et il est devenu leur victime, bien qu'il ait fait tout ce qu'il pouvait faire pour se protéger. M'échapper de leurs mains, depuis que la lettre du Pape à Jeff Davis a aiguisé le million de poignards qui me transpercent la poitrine, serait plus qu'un miracle.

Mais de même que le Seigneur n'a pas entendu de murmure sur les lèvres de Moïse lorsqu'il lui a dit qu'il devait mourir, avant de traverser le Jourdain, pour les péchés de son peuple, de même j'espère et je prie pour qu'il n'entende pas de murmure de ma part lorsque je tomberai pour l'amour de ma nation.

Les deux seules faveurs que je demande au Seigneur sont, d'une part, que je puisse mourir pour la cause sacrée dans laquelle je suis engagé et, d'autre part, que je sois le porte-drapeau des droits et des libertés de mon pays.

La seconde faveur que je demande à Dieu, c'est que mon cher fils Robert, lorsque je serai parti, soit l'un de ceux qui soulèveront le drapeau de la liberté qui couvrira ma tombe, et qu'il le portera avec honneur et fidélité jusqu'à la fin de sa vie, comme l'a fait son père, entouré des millions de personnes qui seront appelées avec lui à se battre et à mourir pour la défense et l'honneur de notre pays". - Charles Chiniquy, Cinquante ans dans l'Église de Rome, Chick Publications, pp. 302, 303.

Abraham Lincoln a compris que son heure était proche.

Au milieu d'un succès sans précédent, alors que toutes les cloches du pays sonnaient la joie, une calamité nous est tombée dessus qui a plongé le pays dans la consternation et l'effroi. Le vendredi 14 avril au soir, le président Lincoln se rend au théâtre Ford, à Washington. Il était tranquillement assis dans sa loge, écoutant la pièce, lorsqu'un homme entra par la porte du hall menant à la loge, refermant la porte derrière lui. S'approchant du président, il tire de sa poche un petit pistolet et lui tire une balle dans la nuque. Alors que le Président tombait, insensé et mortellement blessé, et que le cri de sa femme, assise à ses côtés, perçait toutes les oreilles, l'assassin sauta de la loge, d'une hauteur perpendiculaire de neuf pieds, et en se précipitant sur la scène, tête nue, brandit un poignard, s'exclamant "Sic siemper tyrannus !" et disparut derrière les coulisses. - Ibid. pp. 307-308.

Noble Abraham, vrai descendant du père des fidèles, honnête en toute confiance, humble comme un enfant, tendre comme une femme, qui ne pouvait supporter de blesser même ses ennemis les plus envenimés, qui, à l'heure du triomphe, s'attristait de voir les sentiments de ses adversaires blessés par leur défaite : qui, à l'heure du triomphe, s'attristait de ce que les sentiments de ses adversaires fussent blessés par leur défaite, avec "la charité pour tous, la malice pour personne", doté d'un bon sens, d'une intelligence jamais surpassée et d'une puissance intellectuelle qui lui permettait de se mesurer aux adversaires les plus gigantesques dans les débats, développant des capacités d'homme d'État qui lui ont valu la gratitude de son pays et l'admiration du monde, et avec des grâces et une amabilité qui attiraient à lui tous les cœurs généreux, meurt sous la balle de l'assassin !

Mais qui était cet assassin ? Booth n'était rien d'autre que l'outil des Jésuites. C'est Rome qui a dirigé son bras, après avoir corrompu son cœur et damné son âme. - Ibid. p. 308.

Et après vingt ans de recherches constantes et très difficiles, je viens sans crainte aujourd'hui devant le peuple américain, pour dire et prouver que le président Abraham Lincoln a été assassiné par les prêtres et les Jésuites de Rome.

Dans le livre des témoignages donnés dans le procès de l'assassinat de Lincoln, publié par Ben Pittman, et dans les deux volumes du procès de John Surratt, en 1867, nous avons la preuve légale et irréfutable que le complot des assassins de Lincoln a été mûri, sinon commencé, dans la maison de Mary Surratt, 561 H. Street, Washington, D.C. Les témoignages sous serment montrent que c'était le lieu de rendez-vous commun des prêtres de Washington. Que révèle au monde la présence de tant de prêtres dans cette maison ? Aucun homme de bon sens, qui connaît un tant soit peu les prêtres de Rome, ne peut douter qu'ils aient été les conseillers, les conseillers, l'âme même de ce complot infernal.

Ces prêtres, qui étaient les amis personnels et les pères confesseurs de Booth, John Surratt, Mme et Mlle Surratt, ne pouvaient pas être constamment présents sans savoir ce qui se passait, surtout quand on sait que chacun de ces prêtres était un rebelle enragé dans l'âme. Chacun de ces prêtres, sachant que son pape infaillible avait appelé Jeff Davis son fils bien-aimé et avait pris la Confédération sudiste sous sa protection, était tenu de croire que la chose la plus sainte qu'un homme puisse faire était de se battre pour la cause sudiste en détruisant ses ennemis.

Lisez l'histoire de l'assassinat de l'amiral Coligny, d'Henri III et Henri IV, de Guillaume le Taciturne, par les tueurs à gages des Jésuites ; comparez-les avec l'assassinat d'Abraham Lincoln, et vous verrez que l'un ressemble à l'autre comme deux gouttes d'eau. Vous comprendrez qu'ils proviennent tous de la même source : Rome ! - Ibid. p. 309.

Cet archi-rebelle [Jeff Davis] pouvait fournir l'argent, mais seuls les Jésuites pouvaient choisir les assassins, les former et leur offrir une couronne de gloire au ciel s'ils tuaient l'auteur du carnage, le célèbre renégat et apostat - l'ennemi du pape et de l'Église - Lincoln.

Qui ne voit les leçons données par les Jésuites à Booth, dans leurs rapports quotidiens dans la maison de Mary Surratt, lorsqu'il lit ces lignes écrites par Booth quelques heures avant sa mort : "Je ne pourrai jamais me repentir. Dieu a fait de moi l'instrument de son châtiment". Comparez ces mots avec les doctrines et les principes enseignés par les conciles, les décrets du pape et les lois de la sainte Inquisition, et vous constaterez que les sentiments et les croyances de Booth découlent de ces principes, comme un fleuve découle de sa source.

Et cette pieuse Miss Surratt qui, dès le lendemain de l'assassinat de Lincoln, déclara, sans être réprimandée, en présence de plusieurs autres témoins : "La mort d'Abraham Lincoln n'est pas plus importante que la mort de n'importe quel nègre dans l'armée." D'où tenait-elle cette maxime, si ce n'est de son Église ? Celle-ci n'avait-elle pas récemment proclamé, par la voix du dévoué juge catholique Taney, dans son arrêt Dred Scott, que les Noirs n'ont aucun droit que les Blancs soient tenus de respecter ? En mettant le président au même niveau que le plus bas des nègres, Rome disait qu'il n'avait même pas droit à la vie. - Ibid. p. 310.

Juste après la mort de Lincoln, John Surratt, qui faisait partie du complot de l'assassinat, s'est enfui à Montréal. De Montréal, il est emmené à Liverpool, en Angleterre, puis à Rome. Lorsqu'un fonctionnaire américain l'a finalement rattrapé, il a été retrouvé dans l'armée personnelle du

pape. Un conspirateur de l'assassinat d'Abraham Lincoln était membre de l'armée personnelle du pape !

Trois ou quatre heures avant l'assassinat de Lincoln à Washington, le 14 avril 1865, ce meurtre était non seulement connu de quelqu'un, mais il circulait et on en parlait dans les rues et dans les maisons de la ville sacerdotale et romaine de Saint-Joseph, dans le Minnesota. Le fait est indéniable ; les témoignages sont incontestables, et il n'y avait pas de chemin de fer ni de communications télégraphiques à moins de quarante ou quatre-vingts miles de St. Joseph....

M. Linneman, qui est catholique, nous dit que bien qu'il ait entendu cela de la part de nombreuses personnes dans son magasin et dans la rue, il ne se souvient pas du nom d'une seule d'entre elles qui lui ait dit cela..... Mais si la mémoire de M. Linneman est si déficiente à ce sujet, nous pouvons l'aider et lui dire ce qui a été dit avec une précision mathématique....

...Les prêtres de Saint-Joseph étaient souvent en visite à Washington et prenaient probablement pension chez Mme Surratt.... Ces prêtres de Washington étaient en communication quotidienne avec leurs coreligionnaires de Saint-Joseph ; ils étaient leurs amis intimes. Il n'y avait pas de secret entre eux.... Les détails du meurtre, comme le jour choisi pour le commettre, étaient aussi bien connus des prêtres de Saint-Joseph que de ceux de Washington....

Comment les prêtres auraient-ils pu cacher un tel événement à leur ami de cœur, M. Linneman ? Il était leur homme de confiance. Il était leur pourvoyeur, leur bras droit parmi les fidèles de St. Joseph....

Les prêtres de Rome connaissaient et diffusaient la mort de Lincoln quatre heures avant qu'elle ne se produise dans leur ville catholique de Saint-Joseph, Minnesota. - Ibid. pp. 316, 317.

Il y a tellement plus de matériel.

Lors du procès de John Surratt, un ministre français du nom de Rufus King a déclaré ce qui suit : "Je crois qu'il [John Surratt] est protégé par le clergé et que le meurtre est le résultat d'un complot bien ficelé, non seulement contre la vie du président Lincoln, mais aussi contre l'existence de cette république, car nous savons que la prêtrise et la royauté sont et ont toujours été opposées à la liberté". - Burke McCarty, The Suppressed Truth About the Assassination of Abraham Lincoln, Arya Varta Publishing, p. 185.

Quatre personnes ont été jugées, condamnées et exécutées par pendaison pour l'assassinat d'Abraham Lincoln. Elles s'appelaient Davy Harold, Lewis Payne, George Atzerodt et Mary E. Surratt. Ils étaient tous catholiques. Ces informations se trouvent au théâtre Ford, dans plusieurs vitrines qui présentent de nombreuses choses sur Lincoln, la guerre civile et son assassinat. Au moment de l'assassinat d'Abraham Lincoln, on a également tenté d'assassiner William Seward, le secrétaire d'État. Ulysses S. Grant devait également faire l'objet d'une tentative d'assassinat, mais il a dû se rendre d'urgence dans le New Jersey pour être au chevet d'un parent mourant. Andrew Johnson, le vice-président des États-Unis, devait également être assassiné à cette époque. L'homme qui devait le tuer a pris peur et s'est enfui, à cheval, dans la campagne, et n'a pas exécuté sa part du plan.

> Lewis Payne, connu sous le nom de Florida boy, un jeune géant athlétique qui, quelques mois auparavant, avait rejoint la conspiration, arriva à cheval devant la résidence du secrétaire d'État, William Seward.
>
> William Seward est malade depuis trois semaines, souffrant d'une fracture de la mâchoire, conséquence de la fuite de son équipe, et est constamment soigné par des infirmiers.
>
> Payne sonne à la porte et c'est le majordome de couleur qui répond. Il lui dit qu'on l'a envoyé avec des médicaments qu'il doit apporter à la chambre du malade. Le majordome refusa de le laisser entrer, disant qu'il avait reçu l'ordre de ne laisser entrer personne dans la chambre de M. Seward. L'étranger [Lewis Payne], après une brève lutte, le renverse et monte les escaliers en bondissant. Il s'est précipité dans la chambre du malade, après avoir abattu chacun des deux fils du Secrétaire..... Il [Lewis Payne] s'est alors jeté sur le malade et l'a gravement poignardé à trois reprises. Par un effort surhumain, ce dernier s'est débattu hors du lit avec son assaillant qui l'a laissé en tas sur le sol, saignant des blessures qu'il lui avait infligées. Après son assaut meurtrier sur Seward, le ruffian se précipite dans l'escalier en criant à tue-tête : "Je suis fou ! Je suis fou", et il l'était très probablement. Il était entièrement sous l'emprise des influences hypnotiques des personnes malveillantes au pouvoir desquelles il s'était laissé aller. - Ibid, pp. 121, 122.
>
> Il était prévu que Michael O'Laughlin, l'un des conspirateurs de Baltimore, assassine le général Grant cette nuit-là. Cela n'a pas été possible, en raison du changement des plans du général.
>
> Pour Atzerodt, il s'agissait d'assassiner le vice-président Johnson, mais il prit peur et passa la journée à chevaucher dans la campagne sur un cheval.... ...il fut retrouvé plusieurs jours après avec des membres de sa famille en bas de Washington. Avant d'être exécuté, il a fait une confession écrite qui confirmait la présence de Surratt à Washington ce jour fatal, un fait sur lequel neuf témoins dignes de confiance avaient prêté serment. - Ibid p. 122.

Nous sommes donc en présence d'une conspiration visant à tuer non seulement le président, mais aussi à plonger le gouvernement des États-Unis dans le chaos le plus complet. Ne voyons-nous pas l'accomplissement du Conseil de Vienne et de Vérone à l'œuvre en 1865 ? Ne voyons-nous pas la main de l'Ordre des Jésuites et de l'Église catholique romaine pour détruire ce grand pays ? Ce fut une période terrible dans l'histoire des États-Unis.

Nous avons déjà vu que l'Église catholique romaine a semé la graine de la division entre les deux grandes sections de ce pays, divisant le Nord et le Sud sur la question brûlante de l'esclavage.

Cette division était pour elle l'occasion rêvée d'écraser l'un par l'autre et de régner sur les ruines sanglantes de l'un et de l'autre, une politique privilégiée de longue date. Elle espère que l'heure de son triomphe suprême sur ce continent a sonné. Elle ordonne à l'empereur des Français de préparer une armée au Mexique, prête à soutenir le Sud, et elle demande à tous les catholiques romains de se ranger sous la bannière de l'esclavage en se ralliant au parti démocrate. - Charles Chiniquy, Cinquante ans dans l'Église de Rome, Chick Publications, p. 291.

Abraham Lincoln a dit à Charles Chiniquy,

Je vous serai toujours reconnaissant pour les avertissements que vous m'avez adressés sur les dangers qui menacent ma vie, depuis Rome. Je sais qu'il ne s'agit pas de dangers imaginaires. Si je me battais contre un Sud protestant, en tant que nation, il n'y aurait pas de danger d'assassinat. Les nations qui lisent la Bible se battent courageusement sur le champ de bataille, mais elles n'assassinent pas leurs ennemis. Le pape et les jésuites, avec leur inquisition infernale, sont les seules puissances organisées dans le monde qui ont recours au poignard de l'assassin pour tuer ceux qu'ils ne peuvent convaincre par leurs arguments ou conquérir par l'épée.

Malheureusement, je sens chaque jour davantage que ce n'est pas contre les Américains du Sud, seuls, que je me bats, c'est plutôt contre le pape de Rome, ses perfides Jésuites et leurs esclaves aveugles et assoiffés de sang. Tant qu'ils espèrent conquérir le Nord, ils m'épargneront ; mais le jour où nous mettrons en déroute leurs armées, prendrons leurs villes et les forcerons à se soumettre, alors, j'ai l'impression que les Jésuites, qui sont les principaux dirigeants du Sud, feront ce qu'ils ont presque invariablement fait dans le passé. Le poignard ou le pistolet feront ce que les mains puissantes des guerriers n'ont pas pu accomplir. Cette guerre civile semble n'être qu'une affaire politique pour ceux qui ne voient pas, comme moi, les ressorts secrets de ce terrible drame. Mais il s'agit plus d'une guerre religieuse que d'une guerre civile. C'est Rome qui veut gouverner et dégrader le Nord, comme elle a gouverné et dégradé le Sud, depuis le jour même de sa découverte. Il n'y a que très peu de dirigeants sudistes qui ne soient pas plus ou moins sous l'influence des Jésuites par l'intermédiaire de leurs épouses, de leurs relations familiales et de leurs amis. Plusieurs membres de la famille de Jeff Davis appartiennent à l'Église de Rome....

Mais il est bien certain que si le peuple américain pouvait apprendre ce que je sais de la haine farouche des prêtres de Rome contre nos institutions, nos écoles, nos droits les plus sacrés et nos libertés si chèrement acquises, il les chasserait demain de parmi nous, ou bien il les fusillerait comme traîtres. Mais vous êtes le seul à qui je révèle ces tristes secrets, car je sais que vous les avez appris avant moi. L'histoire de ces mille dernières années nous dit que partout où l'Église de Rome n'est pas un poignard pour percer le sein d'une nation libre, elle est une pierre à son cou, pour la paralyser et l'empêcher de progresser dans les voies de la civilisation, de la science, de l'intelligence, du bonheur et de la liberté. - Ibid. pp. 294, 295.

a déclaré Lincoln,

> Cette guerre n'aurait jamais été possible sans la sinistre influence des Jésuites. C'est à la papauté que nous devons de voir notre terre rougie du sang de ses plus nobles fils.... Je plains les prêtres, les évêques et les moines de Rome aux États-Unis quand les gens se rendent compte qu'ils sont, en grande partie, responsables des larmes et du sang versé dans cette guerre. - Ibid. pp. 296,297.

> Vous avez parfaitement raison de dire que c'est pour détacher les catholiques romains qui se sont enrôlés dans notre armée. Depuis la publication de cette lettre [du pape], un grand nombre d'entre eux ont déserté leurs bannières et sont devenus des traîtres.... Il est également vrai que Meade est resté avec nous et a gagné la sanglante bataille de Gettysburg. Mais comment aurait-il pu la perdre, alors qu'il était entouré de héros tels que Howard, Reynolds, Buford, Wadsworth, Cutler, Slocum, Sickles, Hancock, Barnes, etc. Mais il est évident que son romanisme l'emporta sur son patriotisme après la bataille. Il laissa l'armée de Lee s'échapper alors qu'il aurait pu facilement lui couper la retraite et l'obligea à se rendre après avoir perdu près de la moitié de ses soldats dans le carnage des trois derniers jours.

> Alors que Meade devait ordonner la poursuite après la bataille, un étranger se présenta en hâte au quartier général, et cet étranger était un jésuite déguisé. Après dix minutes de conversation avec lui, Meade prit de telles dispositions pour la poursuite de l'ennemi qu'il s'en sortit presque indemne, avec la perte de seulement deux canons ! - Ibid. p. 298.

a déclaré Lincoln,

> Les gens ordinaires voient et entendent les grandes roues bruyantes des voitures de la Confédération du Sud : ils les appellent Jeff Davis, Lee, Toombs, Beauregard, Semmes, etc. et ils pensent honnêtement qu'elles sont la force motrice, la cause première de nos troubles. Mais c'est une erreur. La véritable force motrice est cachée derrière les murs épais du Vatican, les collèges et les écoles des Jésuites, les couvents des nonnes et les confessionnaux de Rome. - Ibid. p. 305.

En accomplissant les Conciles de Vienne, de Vérone et de Chieri, l'Église catholique a divisé le Nord et le Sud par l'intermédiaire de son agent, John C. Calhoun. Elle a cherché à détruire l'économie par l'intermédiaire de Nicholas Biddle, puis a utilisé la coupe empoisonnée et la balle d'assassin pour assassiner et tenter d'assassiner un total de cinq présidents en l'espace de vingt-cinq ans. Ils ont rougi le sol américain du sang de milliers de jeunes hommes américains lors de la terrible guerre de Sécession. Oh, si nous avions les yeux pour voir que Rome ne change jamais ! Ce qu'elle a fait, elle le fait encore aujourd'hui. Que Dieu nous aide à comprendre la méchanceté de la papauté romaine, hier et aujourd'hui.

Chapitre 5—Le Naufrage Du Titanic

Lorsque nous pensons aux événements qui ont marqué l'histoire au cours des cent à deux cents dernières années, certains d'entre eux se distinguent par leur grande horreur, leur grande surprise et leur grande tristesse. Parmi ceux qui nous viennent à l'esprit, les plus dévastateurs ont été la destruction du World Trade Center à New York et le naufrage du Titanic.

Les plus grandes tragédies des deux cents dernières années peuvent être attribuées aux Jésuites. Nous allons maintenant montrer que les Jésuites ont planifié et exécuté le naufrage du Titanic, et nous montrerons pourquoi ils l'ont fait.

Depuis le début des années 1830, l'Amérique n'avait pas de banque centrale. Les Jésuites voulaient désespérément une autre banque centrale en Amérique afin de disposer d'un réservoir sans fond dans lequel ils pourraient puiser de l'argent pour leurs nombreuses guerres et autres projets hideux à travers le monde.

En 1910, sept hommes se sont réunis sur l'île de Jekyll, au large de la Géorgie, pour créer une banque centrale, qu'ils ont appelée la Federal Reserve Bank. Ces hommes étaient Nelson Aldrich et Frank Vanderlip, représentant tous deux l'empire financier Rockefeller ; Henry Davison, Charles Norton et Benjamin Strong, représentant J.P. Morgan ; et Paul Warburg, représentant la dynastie bancaire Rothschild d'Europe. Nous avons déjà vu que les Rothschild étaient les agents bancaires des Jésuites de la papauté, détenant "la clé de la richesse de l'Église catholique romaine".

> Les Morgan étaient des concurrents amicaux des Rothschild et se sont rapprochés d'eux sur le plan social. La firme londonienne de Morgan a été sauvée de la ruine en 1857 par la Banque d'Angleterre, sur laquelle les Rothschild exerçaient une grande influence. Par la suite, Morgan semble avoir *servi d'agent financier des Rothschild* et s'est donné beaucoup de mal pour paraître totalement américain.....
>
> Son entrée [celle de Rockefeller] dans le domaine n'a pas été bien accueillie par Morgan, et ils sont devenus de féroces concurrents. Finalement, ils ont décidé de minimiser leur concurrence en créant des entreprises communes. Finalement, ils ont travaillé ensemble pour créer un cartel bancaire national appelé le Système de Réserve Fédérale. - G. Edward Griffin, The Creature from Jekyll Island, American Opinion Publishing, p. 209. (souligné par l'auteur).

Ces trois familles financières, les Rothschild, les Morgan et les Rockefeller, sont toutes aux ordres de l'Ordre des Jésuites en raison de l'infiltration des Jésuites dans leurs organisations. Ils font tout ce qui est nécessaire pour détruire la liberté constitutionnelle en Amérique et pour amener le pape à dominer le monde. Si l'on se penche sur le XXe siècle, on constate à quel point les Jésuites ont réussi. Ils ont continué à dilapider les richesses de l'Amérique et à s'attaquer continuellement à sa grande constitution et à ses libertés civiles. Chaque jour, le pouvoir du pape dans la Cité du Vatican s'accroît. Un jour, ils parviendront à nouveau au pouvoir total.

La construction du Titanic a commencé en 1909 dans un chantier naval de Belfast, la capitale de l'Irlande du Nord. Belfast était un havre protestant et était détesté par les Jésuites. La Première Guerre mondiale a commencé quelques années plus tard.

Le Titanic faisait partie d'une flotte de navires appartenant à la White Star Line, une compagnie maritime internationale.

> La banque n'était pas la seule activité dans laquelle Morgan avait des intérêts financiers importants. Utilisant son contrôle sur les chemins de fer du pays comme levier financier, il avait créé un trust international de transport maritime qui comprenait les deux plus grandes compagnies allemandes ainsi que l'une des deux compagnies anglaises, la White Star Lines. - Ibid, p. 246.

Un certain nombre d'hommes très riches et très puissants ont clairement fait savoir qu'ils n'étaient pas favorables au système de la Réserve fédérale. Les Jésuites ont ordonné à J.P. Morgan de construire le Titanic. Ce navire "insubmersible" devait servir de bateau de la mort pour ceux qui s'opposaient au plan des Jésuites pour un système de Réserve Fédérale.

Ces hommes riches et puissants auraient été en mesure de bloquer l'établissement de la Réserve fédérale, et leur pouvoir et leur fortune devaient leur être retirés des mains. Ils devaient être détruits par un moyen si grotesque que personne ne soupçonnerait qu'ils ont été assassinés, et personne ne soupçonnerait les Jésuites. Le Titanic a été le véhicule de leur destruction. Afin de mettre la papauté et les Jésuites à l'abri de tout soupçon, de nombreux Irlandais, Français et Italiens catholiques ayant immigré dans le Nouveau Monde ont pris place à bord du Titanic. Il s'agissait de personnes dont on pouvait se passer. Les protestants de Belfast désireux d'immigrer aux États-Unis sont également invités à monter à bord.

Tous les hommes riches et puissants dont les Jésuites voulaient se débarrasser ont été invités à participer à la croisière. Trois des plus riches et des plus importants d'entre eux étaient Benjamin Guggenheim, Isador Strauss, le patron des grands magasins Macy's, et John Jacob Astor, probablement l'homme le plus riche du monde. Leur fortune totale, à l'époque, en dollars de l'époque, s'élevait à plus de 500 millions de dollars. Aujourd'hui, cette somme vaudrait près de onze milliards de dollars. Ces trois hommes ont été incités à monter à bord du palais flottant. Ils devaient être détruits car les Jésuites savaient qu'ils utiliseraient leur richesse et leur influence pour s'opposer à la création d'une banque centrale et aux diverses guerres qui se préparaient.

Edward Smith était le capitaine du Titanic. Il voyageait dans les eaux de l'Atlantique Nord depuis vingt-six ans et était le capitaine le plus expérimenté au monde sur les routes de l'Atlantique Nord. Il avait travaillé pendant de nombreuses années pour le jésuite J.P. Morgan.

Edward Smith était un "jésuite tempore coadjator". Cela signifie qu'il n'était pas prêtre, mais qu'il était un jésuite de robe courte. Les jésuites ne sont pas nécessairement des prêtres. Ceux qui ne sont pas prêtres servent l'ordre par leur profession. N'importe qui peut être jésuite sans que son identité soit connue. Edward Smith a servi l'Ordre des Jésuites dans le cadre de sa profession de capitaine de navire.

De nombreux points intéressants concernant le Titanic sont abordés dans une cassette vidéo réalisée par National Geographic en 1986. Cette vidéo s'intitule Les secrets du Titanic. Lorsque le Titanic a quitté le sud de l'Angleterre le 10 avril 1912, Francis Browne, le maître jésuite d'Edward Smith, est monté à bord. Cet homme était le jésuite le plus puissant de toute l'Irlande et répondait directement au général de l'Ordre des jésuites à Rome. La cassette vidéo déclare :

> Un prêtre en vacances, le père Francis Browne, a pris ces clichés poignants de ses compagnons de voyage, la plupart d'entre eux étant en route pour l'éternité. Le lendemain, le Titanic fait sa dernière escale au large de Queenstown, en Irlande. C'est là que des annexes ont fait sortir les derniers passagers, pour la plupart des immigrés irlandais en partance pour l'Amérique. C'est là que le chanceux Père Browne a débarqué.... Le père Browne a surpris le capitaine Smith en train de regarder en bas du pont du Titanic, au bord du destin. - Les secrets du Titanic, National Geographic, cassette vidéo, 1986.

> Voici la trahison jésuite dans toute sa splendeur. Le Provincial [le Père Francis Browne] monte à bord du Titanic, photographie les victimes, informe très certainement le Capitaine de son serment en tant que Jésuite, et le lendemain matin lui fait ses adieux. - Eric J. Phelps, Vatican Assassins, Halycon Unified Services, p. 427.

Browne revoit une dernière fois avec Edward Smith ce qu'il est censé faire dans les eaux de l'Atlantique Nord. Le général jésuite dit à Francis Browne ce qui doit se passer ; Browne le dit à Smith et le reste appartient à l'histoire. Edward Smith croyait que le général jésuite

> . est le dieu de la société [jésuite], et rien d'autre que son contact électrique ne peut galvaniser leurs cadavres en vie et en action. Jusqu'à ce qu'il parle, ils sont comme des

serpents enroulés dans leurs tombes hivernales, sans vie et inactifs ; mais dès qu'il donne le mot d'ordre, chaque membre se lève instantanément, laissant inachevé ce qui a pu l'engager, prêt à assaillir qui il veut assaillir, et à frapper où il veut frapper - R.W. Thompson, The Footprints of the Jesuits, Hunt and Eaton, pp. 72, 73.

Edward Smith a reçu l'ordre de couler le Titanic et c'est exactement ce qu'il a fait.

Sur l'ordre de Dieu, [le Général des Jésuites] il est permis de tuer l'innocent, de voler, de commettre toutes les obscénités, parce qu'il [le Pape] est le Seigneur de la vie, de la mort, et de toutes choses ; et donc accomplir son mandat est notre devoir. - W. C. Brownlee, Secret Instructions of the Jesuits, American and Foreign Christian Union, p. 143.

L'histoire ne connaît pas d'association dont l'organisation soit restée pendant trois cents ans inchangée et inaltérée par tous les assauts des hommes et du temps, et qui ait exercé une influence aussi immense sur les destinées de l'humanité... 'La fin justifie les moyens' est sa maxime favorite ; et comme sa seule fin, comme nous l'avons montré, est l'ordre, le *jésuite est prêt à commettre n'importe quel crime* pour l'obtenir'. - G. B. Nicolini, The History of the Jesuits, Henry G. Bohn, pp. 495, 496, c'est nous qui soulignons.

Souvenons-nous du serment que chaque personne prête pour faire partie de l'Ordre des Jésuites :

Je me considérerais comme un corps mort, sans volonté ni intelligence, comme un petit crucifix que l'on tourne sans résistance au gré de celui qui le tient, comme un bâton dans les mains d'un vieillard, qui s'en sert selon ses besoins et comme cela lui convient le mieux. - R. W. Thompson, The Footprints of the Jesuits, Hunt and Eaton, p. 54.

Lorsqu'une personne prête le serment des Jésuites, elle est liée à son maître jusqu'à sa mort. Edward Smith est devenu un homme sans volonté ni intelligence. Il commettait tous les crimes que l'Ordre voulait qu'il commette. Edward Smith a été requis pour le martyre. À bord du Titanic cette nuit-là, Edward Smith connaissait son devoir. Il avait prêté serment. Le navire avait été construit pour les ennemis des Jésuites. Après trois jours en mer avec une seule paire de lunettes pour la passerelle, Edward Smith a propulsé le Titanic à pleine vitesse, à vingt-deux nœuds, par une nuit noire sans lune, à travers un gigantesque champ de glace d'une superficie de près de quatre-vingts milles carrés. Edward Smith a fait cela malgré au moins huit télégrammes l'avertissant d'être plus prudent parce qu'il allait trop vite.

Edward Smith avait-il besoin d'une mise en garde ? Non, cela faisait vingt-six ans qu'il parcourait ces eaux. Il savait qu'il y avait des icebergs dans cette zone. Mais huit mises en garde n'ont pas arrêté cet homme qui avait prêté serment aux Jésuites et qui avait reçu l'ordre de détruire le Titanic.

L'absurdité des avertissements répétés adressés au capitaine vétéran Edward Smith lors de la nuit tragique du Titanic pour qu'il ralentisse est tout simplement grotesque. Le fait que Smith n'ait jamais écouté ou tenu compte des avertissements est insensé. Il avait reçu des ordres de son dieu au Vatican, et rien ne le ferait dévier de sa route.

Les encyclopédies donnent une image très tragique de Smith dans ses dernières heures. Au moment de donner l'ordre de charger et de descendre les canots de sauvetage, Smith vacille et l'un de ses assistants doit s'approcher de lui pour que l'ordre soit donné. Les compétences légendaires de Smith en matière de direction semblent l'avoir quitté ; il s'est montré curieusement indécis et inhabituellement prudent au cours de cette nuit fatale. Ces mots décrivent-ils un capitaine légendaire avec 26 ans d'expérience ou un homme qui se demandait s'il devait faire son devoir de capitaine ou obéir à son maître qui lui avait dit de couler le navire ?

La femme de John Jacob Astor est montée dans un canot de sauvetage et a été sauvée, tandis que John Jacob Astor a péri dans les eaux de l'Atlantique Nord. Il n'y avait pas assez de canots de sauvetage et beaucoup d'entre eux n'étaient qu'à moitié remplis de femmes et d'enfants.

A fin d'empêcher les cargos proches de réagir, les fusées de détresse étaient blanches alors qu'elles auraient dû être rouges. Les fusées blanches indiquent aux cargos de passage que tout le monde est en train de faire la fête.

L'une des plus grandes tragédies du XXe siècle, le naufrage du Titanic, est à mettre sur le compte de l'Ordre des Jésuites. Le navire insubmersible, le palais flottant a été créé pour être le tombeau des riches qui s'opposaient au système de la Réserve fédérale. En avril 1912, toute opposition à la Réserve fédérale a été éliminée. En décembre 1913, le système de la Réserve fédérale a été mis en place aux États-Unis. Huit mois plus tard, les Jésuites disposaient, grâce à la Réserve fédérale, d'un financement suffisant pour déclencher la Première Guerre mondiale.

Chapitre 6—La Première Guerre Mondiale

L'héritier du trône d'Autriche-Hongrie, l'archiduc François-Ferdinand, et son épouse se trouvaient à Sarajevo le 26 juillet 1914. Alors qu'ils traversent les rues bondées dans une voiture découverte, des coups de feu retentissent et tous deux meurent.

Les habitants de Sarajevo étaient majoritairement serbes. Leur conviction religieuse était celle des chrétiens orthodoxes. Depuis l'an 1054, l'Église catholique fait la guerre aux chrétiens orthodoxes. Cinquante ans avant l'assassinat, les Croates, qui sont catholiques, commençaient à manifester leur haine des Serbes, qui étaient des rivaux de Rome et devaient être exterminés.

> Le pape Pie X, dans sa haine des chrétiens orthodoxes, ne cesse d'inciter l'empereur François-Joseph d'Autriche-Hongrie à "châtier les Serbes". Après Sarajevo, le 26 juillet 1914, le baron Ritter, représentant de la Bavière auprès du Saint-Siège, écrit à son gouvernement : "Le pape approuve la sévérité de l'Autriche à l'égard de la Serbie. Il n'a pas une grande opinion des armées de la Russie et de la France en cas de guerre avec l'Allemagne. Le cardinal secrétaire d'État ne voit pas quand l'Autriche pourrait faire la guerre si elle ne se décide pas à la faire maintenant...." Voilà, sous son vrai jour, le Vicaire du Christ [le pape], le doux apôtre de la paix, le Saint Pontife que les auteurs pieux présentent comme mort de chagrin en voyant la guerre éclater. - Edmund Paris. The Vatican against Europe, The Wickliffe Press, p. 14.
>
> On peut dire très précisément qu'en 1914, l'Église catholique romaine a commencé la série des guerres infernales. C'est alors que le tribut de sang qu'elle a toujours prélevé sur les peuples a commencé à se transformer en un véritable torrent. - Ibid, p. 48.

Le pape s'est donc rendu compte que si l'Autriche-Hongrie écrasait les Serbes, leurs frères chrétiens orthodoxes de Russie entreraient dans la mêlée. Puis l'Allemagne, la France et d'autres pays se joindraient à eux, et ce serait la Première Guerre mondiale. La papauté était ravie de voir la Russie entrer dans le conflit. La Russie était majoritairement orthodoxe et la papauté voulait que les chrétiens orthodoxes de Russie et du monde entier soient anéantis.

Les jésuites de la papauté avaient une autre raison de se réjouir de l'entrée en guerre de la Russie. C'était l'heure de la revanche. Environ 100 ans avant le début de la Première Guerre mondiale, Alexandre Ier, l'empereur russe, avait chassé les Jésuites de Russie.

> L'empereur russe, Alexandre, fut contraint de publier un décret royal en 1816, par lequel il les expulsait [les Jésuites] de Saint-Pétersbourg et de Moscou. Ce décret s'avérant

inefficace, il en publia un autre en 1820, les excluant entièrement des dominions russes.
- R.W. Thompson, The Footprints of the Jesuits, Hunt and Eaton, pp. 245, 246.

Cinq ans plus tard, Alexandre est empoisonné à mort. Les tsars sont attaqués par les jésuites.

Alexandre II rompt tous les liens diplomatiques avec Rome en 1877 et propose même une Constitution.

> Alexandre II avait bien avancé dans ses grandes réformes et avait apposé sa signature sur une Constitution à adopter par la Russie. Le lendemain, une bombe est lancée sur sa voiture, tuant et blessant un certain nombre de cosaques qui l'accompagnaient. L'empereur, profondément ému, quitta la voiture pour aller voir les mourants, lorsqu'une seconde bombe le réduisit en miettes. - Arno Gaebelien, Conflit des âges, Les Exhortateurs, p. 85.

Enfin, en 1917, le dernier tsar et toute sa famille ont été assassinés. Plus jamais un empereur détesté de la maison des Romanoff ne régnera sur la Russie ni ne protégera l'Église orthodoxe. L'heure de la revanche a sonné.

> Le renversement du système tsariste a donc entraîné le renversement inévitable de l'Église orthodoxe établie. Pour le Vatican, qui avait fait la guerre à l'Église orthodoxe depuis le XIe siècle, la chute de sa rivale millénaire était trop belle pour être vraie. - Avro Manhattan, The Vatican Billions, Chick Publications, pp. 120, 121.

Qui a aidé et financé les révolutionnaires russes dans leur prise de contrôle de la Russie ? Qui a soutenu Lénine, Trotski et Staline alors qu'ils provoquaient une révolution et un bain de sang dans toute la Russie ?

> Les instruments de cette nouvelle alliance entre les Soviétiques et le Vatican devaient être les Jésuites, décrits comme les ennemis héréditaires de l'Église orthodoxe. Il semblerait qu'un grand nombre de représentants de l'Ordre des Jésuites se trouvaient à Moscou pendant la révolution. - James Zatko, Descent into Darkness, University of Notre Dame Press, p. 111.

> Parmi les 1 766 188 victimes jusqu'au début de 1922, chiffres obtenus à partir des documents soviétiques, près de cinq mille étaient des prêtres, des enseignants, des religieuses, etc. de l'Église orthodoxe.... Près de 100 000 luthériens bannis..... Des villages entiers ont été anéantis.... Des milliers d'églises des différentes branches ont été démolies et le travail de destruction se poursuit...... - Arno Gaebelien, Conflict of the Ages, The Exhorters, pp. 103-106.

C'est en Amérique que se trouvent les véritables financiers jésuites de la Révolution.

> William Franklin Sands, directeur de la Federal Reserve Bank of New York, venait de verser 1 000 000 de dollars aux bolcheviks. - Anthony Sutton, Wall Street and the Bolshevik Revolution, Veritas Publishing, pp. 133, 134.

Jacob Schiff était le principal jésuite en Amérique, chargé de prendre le contrôle du système bancaire américain et de créer la Réserve fédérale.

> Jacob Schiff est arrivé en Amérique à la fin des années 1800 avec l'ordre des Rothschild de prendre le contrôle du système bancaire américain. Au tournant du siècle, en 1900, Schiff maîtrisait l'ensemble de la confrérie bancaire de Wall Street. - Myron Fagan, The Illuminati and the Council on Foreign Relations, conférence enregistrée.

Comme Schiff contrôlait la Federal Reserve Bank, il disposait désormais d'une source d'argent pour financer la révolution communiste en Russie.

> Dans le numéro du 3 février 1949 du New York Journal American, le petit-fils de Schiff, John, a été cité par le chroniqueur Cholly Knickerbocker comme ayant déclaré que son grand-père [Jacob Schiff] avait donné environ vingt millions de dollars pour le triomphe du communisme en Russie. - G. Edward Griffin, The Creature from Jekyll Island, American Opinion Publishing, p. 265.

En monnaie d'aujourd'hui, ces vingt millions représenteraient 420 millions de dollars, de l'argent essentiellement volé au peuple américain par l'intermédiaire de la Federal Reserve Bank.

Jacob Schiff contrôlait l'ensemble de la fraternité bancaire et finançait un gouvernement dont les principes avoués sont aux antipodes de la Constitution des États-Unis. Schiff se faisait passer pour un capitaliste américain. Il vivait en Amérique, mais son seul objectif était celui de la papauté : la destruction finale de l'Amérique.

Les Jésuites espéraient atteindre d'autres objectifs avec la Première Guerre mondiale.

> Toutes les grandes nations, y compris les États-Unis, sont épuisées par la guerre, dévastées et pleurent leurs morts. La paix est le grand désir universel. Ainsi, lorsque Woodrow Wilson a proposé de créer une "Société des Nations" pour garantir la paix, toutes les grandes nations ont sauté dans le train en marche sans même s'arrêter pour lire les petits caractères de cette police d'assurance. - Myron Fagan, *The Illuminati and the Council on Foreign Relations*, conférence enregistrée.

Après la Première Guerre mondiale, une tentative a été faite pour mettre en place un gouvernement mondial unique, et la Société des Nations a été créée. Le sénateur Henry Cabot Lodge Sr. a empêché les États-Unis de rejoindre la Société des Nations. Le complot des Jésuites visant à créer un gouvernement mondial unique à partir duquel ils pourraient contrôler le monde n'a été arrêté que temporairement. Cette partie du plan des Jésuites a dû attendre encore 27 ans pour se répéter, lorsque la Seconde Guerre mondiale a donné naissance aux Nations unies.

Avant d'examiner une autre raison pour laquelle la papauté s'est réjouie de la Première Guerre mondiale, jetons un bref coup d'œil sur le président Woodrow Wilson. Wilson était contrôlé et dominé par le colonel Edward Mandell House. Wilson disait :

> M. House est ma deuxième personnalité. Il est mon moi indépendant. Ses pensées et les miennes ne font qu'un. - Charles Seymour, The Intimate Papers of Colonel House, Houghton Mifflin, vol. I, pp. 114-115.

> Pendant sept longues années, le colonel House a été l'autre self.... de Woodrow Wilson C'est lui qui a constitué le cabinet, formulé les premières politiques de l'administration et pratiquement dirigé les affaires étrangères des États-Unis. Nous avions, en effet, deux présidents pour un.... Super ambassadeur, il parlait aux empereurs et aux rois d'égal à égal. Il était le généralissime spirituel de l'administration. - George Viereck, The Strangest Friendship in History : Woodrow Wilson and Colonel House, Liveright Publishers, pp. 18, 19, 33.

Vierick explique aux pages 106 et 108 qu'alors que Wilson se présentait pour sa réélection en 1916 sur la base d'un programme "parce qu'il nous a évité la guerre", House négociait un accord secret avec l'Angleterre et la France, au nom de Woodrow Wilson, selon lequel l'Amérique entrerait en guerre immédiatement après l'élection. House était également très proche des centres de pouvoir et d'argent en Europe.

> House avait des contacts étroits avec J.P. Morgan et les vieilles familles de banquiers d'Europe. - G. Edward Griffin, The Creature from Jekyll Island, American Opinion Publishing, p. 239.

Edward Mandell House contrôlait totalement Woodrow Wilson. House était un jésuite qui exécutait tous les désirs des jésuites. Il a utilisé Wilson comme une marionnette pour créer la Société des Nations pour les Jésuites. Wilson n'était rien d'autre que l'outil de Rome pour exécuter leurs ordres.

Une autre raison de la Première Guerre mondiale était de rembourser l'Allemagne pour son opposition à la papauté et aux Jésuites dans les années 1860 et 1870. L'Allemagne était le berceau des luthériens détestés. À deux reprises au cours de cette période, le chancelier Otto von Bismarck a conduit l'Allemagne (connue sous le nom de Prusse) à des victoires militaires sur les pays contrôlés par les Jésuites, l'Autriche en 1866 et la France en 1870. Bismarck a également interdit l'ordre des Jésuites par la loi Kulturkampf en 1872. Ces "crimes" contre Rome et les jésuites devaient être remboursés en nature. C'est ainsi que des milliers d'Allemands ont été tués dans le bain de sang de la Première Guerre mondiale.

L'Allemagne a également été le pays le plus touché à la fin de la guerre. Les nations victorieuses d'Europe ont utilisé le traité de Versailles pour piller l'Allemagne. Le traité imposait à l'Allemagne un fardeau si injuste de réparations de guerre que lorsque la presse a demandé au dirigeant français Clemenceau ce que les dirigeants avaient donné au monde par le traité, il a répondu : "Nous avons garanti une autre guerre dans vingt ans." Les Allemands ont accepté les termes du traité parce qu'ils étaient faibles et vaincus, mais ils ont rapidement reconstruit et tenté de rembourser leurs ennemis pour la dette qu'ils avaient contractée après la

Première Guerre mondiale. Ce remboursement s'est traduit par la deuxième guerre mondiale.

Après la fin de la Première Guerre mondiale, les Jésuites n'ont pas obtenu ce qu'ils voulaient. Woodrow Wilson et Edward Mandel House ont réussi à obtenir la Société des Nations, mais celle-ci a échoué lamentablement parce que les États-Unis n'y ont pas adhéré. Une autre guerre était donc nécessaire, une guerre si dévastatrice que les peuples réclameraient une nation unie. C'était l'un des objectifs de la Seconde Guerre mondiale. Nous examinerons cette raison et d'autres raisons de la Seconde Guerre mondiale dans notre prochain chapitre.

Chapitre 7—La Deuxième Guerre Mondiale

La Seconde Guerre mondiale a été la guerre la plus étendue et la plus dévastatrice de l'histoire. Des centaines de milliers de personnes sont mortes au cours de cette guerre. La plupart des gens n'ont aucune idée de la raison ou de la cause de cette guerre. Les guerres ne sont pas le fruit du hasard. Elles sont planifiées et exécutées par des personnes haut placées dans les gouvernements, dans leur propre intérêt. Le président Franklin D. Roosevelt a déclaré : "En politique, rien n'arrive par hasard. Si cela arrive, il y a fort à parier que cela a été planifié." Voyons qui a planifié la Seconde Guerre mondiale.

> Les papes et leurs agents jésuites ont été et sont les instigateurs des guerres, et pendant que le monde souffre, Rome boit du champagne. - Jeremiah J. Crowley (ancien prêtre catholique), Romanism : A Menace to the Nation, Menace Publishing, p. 144.

> Le pape a participé à la Seconde Guerre mondiale au même titre qu'Hitler et le catholique Mussolini et il est donc tout aussi coupable du meurtre de six millions de Juifs. En fait, les papes ont participé à la plupart, sinon à toutes les guerres européennes au cours des siècles, ou en ont été les instigateurs. - F. Paul Peterson, Peter's Tomb Recently Discovered in Jerusalem, p. 63. (Cité dans : Is Alberto for Real, Sidney Hunter, Chick Publications, page 41).

> On peut dire très précisément qu'en 1914, l'Église romaine a commencé la série des guerres infernales. C'est alors que le tribut de sang qu'elle a toujours prélevé sur les peuples a commencé à grossir en un véritable torrent. - Edmond Paris, Le Vatican contre l'Europe, The Wickliffe Press, p. 48.

Ce ne sont pas les seuls auteurs réputés qui impliquent la papauté comme instigatrice de la Seconde Guerre mondiale et de toutes les autres guerres. À la lumière de ces déclarations, il est écœurant d'entendre parler d'une réunion récente qui s'est tenue à Assise, en Italie, au cours de laquelle Jean-Paul II aurait déclaré : "Plus jamais de violence ! Plus jamais de guerre ! Plus jamais de terrorisme !" La papauté a provoqué et provoque encore des guerres, et le pape a l'audace de faire cette déclaration !

L'Amérique mène actuellement une guerre contre le terrorisme. Les déclarations ci-dessus indiquent que la papauté est responsable de la nécessité de cette guerre contre le terrorisme.

George Bush a déclaré dans USA Today, le 17 septembre 2001, que son administration préparait une croisade contre le terrorisme. Dans le passé, les croisades étaient des guerres de religion menées au nom des intérêts papaux. Le président Bush était-il en train de nous dire que sa guerre contre le terrorisme était menée pour servir les intérêts de la papauté ?

Adolf Hitler s'est rendu coupable de toutes sortes d'atrocités pendant la Seconde Guerre mondiale. Était-il vraiment responsable de ces atrocités ou ne faisait-il qu'exécuter les ordres ? Demandez-vous qui tirait les ficelles dans l'Allemagne hitlérienne.

> En Allemagne, le nonce apostolique à Berlin, Mgr Pacelli, et Franz von Papen, conseiller privé du pape, prônent une "union avec Rome" et se concentrent sur le renversement de la République de Weimar. Les catholiques allemands sont hostiles au nazisme, mais ils sont informés que le pape lui-même est "favorablement disposé à l'égard d'Hitler". En conséquence, le Zentrum catholique, axe de toutes les majorités parlementaires, accorde les pleins droits à Hitler le 30 janvier 1933.
>
> Cette opération est rapidement suivie, comme en Italie, par la conclusion d'un concordat très avantageux pour l'Eglise romaine. L'épiscopat allemand prête serment d'allégeance au Führer et les organisations de jeunesse catholiques s'associent à celles des nazis. - Edmond Paris, The Vatican Against Europe, The Wickliffe Press, page 15.
>
> Le Vatican a aidé Hitler à prendre le pouvoir et à consolider son emprise sur l'Allemagne. Il l'a fait en conseillant au parti catholique d'Allemagne de voter pour les candidats nazis.
>
> Le vote des catholiques a donné à Hitler la majorité dont il avait besoin pour former légalement un gouvernement en 1933. En outre, le Vatican a ordonné aux membres catholiques du Parlement du Reichstag de soutenir la législation donnant à Hitler le pouvoir de gouverner par décret. Cette mesure a donné à Hitler le pouvoir dictatorial dont il avait besoin pour détruire les communistes allemands.
>
> L'ensemble du marché entre le Vatican et Hitler avait été mené en secret avant qu'Hitler ne devienne chancelier de l'Allemagne en janvier 1933. En juin de la même année, Hitler et le Vatican ont signé un concordat, aux termes duquel l'Église a prêté serment d'allégeance au régime nazi....
>
> Peu après, le catholique Franz von Papen, second d'Hitler, a résumé en ces termes l'essence de l'alliance entre Hitler et le Vatican : "Le Troisième Reich est la première puissance qui non seulement reconnaît, mais met en pratique les grands principes de la papauté : "Le Troisième Reich, dit-il, est la première puissance qui non seulement reconnaît, mais met en pratique les principes élevés de la papauté. - Avro Manhattan, The Vatican Moscow Washington Alliance, Ozark Books, (cité dans Sydney Hunter, Is Alberto for Real, Chick Publications, pp. 42, 43).

Quelle déclaration étonnante ! Von Papen affirme que les atrocités perpétrées par Hitler pendant la Seconde Guerre mondiale étaient les "principes" de la papauté ! Peut-on douter que la papauté soit aussi maléfique qu'Hitler et son régime ?

> Hitler lui-même admet qu'il a été aidé par les méthodes de la contre-réforme jésuite pour mener à bien sa guerre idéologique.... [Nous avons été témoins du soutien ouvert du catholicisme à toutes les mesures prises par le nazisme-facisme pour imposer des

régimes autoritaires à tous les peuples. - Leo H. Lehman, Behind the Dictators, Agora Publishing, pp. 36, 38, 39.

Un compte rendu fidèle de l'histoire place la menace catholique et jésuite au cœur même du régime hitlérien. C'est le catholique von Papen et le parti catholique Zentrum qui ont permis à Hitler d'accéder au pouvoir en 1933, et pour montrer sa gratitude, le Troisième Reich d'Hitler était un modèle des principes papaux dans ce qu'ils ont de pire. Hitler n'était qu'un pion entre les mains des jésuites de la papauté.

Qui a soutenu Hitler dans une Allemagne ravagée par la guerre ? N'oubliez pas que l'Allemagne avait été réduite à l'état de loques par la Première Guerre mondiale et l'odieux traité de Versailles.

> Des sommes immenses appartenant aux déposants de nos banques nationales ont été remises à l'Allemagne sans aucune garantie... Des milliards et des milliards de notre argent ont été injectés en Allemagne par le Conseil de la Réserve fédérale et les banques de la Réserve fédérale... Le 27 avril 1932, la Réserve fédérale a envoyé 750 000 dollars en or à l'Allemagne, appartenant aux déposants des banques américaines. Une semaine plus tard, 300 000 dollars d'or supplémentaires ont été expédiés vers l'Allemagne de la même manière. Vers la mi-mai, 12 millions de dollars en or ont été envoyés en Allemagne par les banques de la Réserve fédérale. Presque chaque semaine, de l'or est expédié en Allemagne. - H.S. Kenan, The Federal Reserve Bank, The Noontide Press, 1966, p. 158.

Comme nous l'avons vu dans un chapitre précédent, la Federal Reserve Bank est une création des Jésuites. Ils l'utilisent pour financer leurs marionnettes démentes comme Adolf Hitler. Kenan affirme que la Réserve fédérale a financé Hitler et les nazis. Si la Banque fédérale de réserve est contrôlée et dirigée par des Américains, comment pourrait-elle financer un ennemi mortel comme Hitler, qui représentait tout ce que la Constitution condamne ? À la lumière de la déclaration de Kenan, la Federal Reserve Bank n'est pas américaine ; c'est notre ennemi, qui finance nos ennemis. Il est donc logique que la banque contrôlée par les Jésuites finance une marionnette contrôlée par les Jésuites comme Adolph Hitler.

Après l'Allemagne d'Hitler, contrôlée par les Jésuites, passons à l'Espagne et à Francisco Franco. L'Espagne a connu des convulsions vers la fin des années 1800. Elle allait et venait entre une monarchie catholique romaine et une tentative de gouvernement républicain libre. Enfin, dans les années 1930, des corps de bébés ont été découverts sous plusieurs couvents en Espagne. Les médecins ont découvert que ces enfants étaient morts par suffocation. En effet, des religieuses et des prêtres s'étaient livrés à l'adultère et les bébés non désirés avaient été tués à la naissance. Le peuple catholique d'Espagne, qui ignorait tout de ces crimes horribles, a été scandalisé par ces découvertes, et de nombreuses lois ont été adoptées pour entraver le pouvoir de la papauté en Espagne. Selon l'ancien jésuite Alberto Rivera :

En 1936, la nouvelle inquisition espagnole a explosé. Il s'agit de la "guerre civile espagnole", secrètement orchestrée par le Vatican...

Le pape excommunie les chefs de la république espagnole et déclare la guerre entre le Saint-Siège et Madrid.... Sous la bannière du Vatican, les forces musulmanes envahissent les îles Canaries, puis attaquent le sud de l'Espagne... Lorsque l'inquisition atteint ses objectifs, l'Espagne est en ruine, exsangue et battue, mais elle est de nouveau entre les mains du Vatican... Le général Franco est finalement devenu le dictateur catholique romain de l'Espagne. Le gouvernement de Franco a été reconnu le 3 août 1937 par le Vatican, 20 mois seulement avant la fin de la guerre civile. - Jack Chick, Alberto pts. 1, 3, 6, Chick publications, pages 12, 21, 28, 29.

Lorsque Franco a marché sur Madrid vers la fin de la dernière guerre civile en Espagne, alors qu'il rétablissait le gouvernement catholique et renversait le gouvernement populaire que les protestants avaient mis en place quelques années auparavant, il a déclaré : "J'ai quatre colonnes de soldats avec moi. J'ai aussi une cinquième colonne dans la ville de Madrid qui trahira la ville entre mes mains quand j'y arriverai". - Albert Garner, Le chef-d'œuvre du diable : The Mystery of Iniquity, Blessed Hope Foundation, pp. 70, 71.

Le 31 mars 1934, le pacte de Rome est signé et engage Mussolini et Hitler à soutenir la rébellion. La "guerre sainte" éclate. En 1937, en pleine guerre, le Vatican accorde une reconnaissance illusoire au gouvernement de Franco, son porteur d'épée, qui sera plus tard décoré de l'Ordre suprême du Christ. "Bénis soient les canons si l'Évangile fleurit dans leur sillage ! Bientôt, l'Action catholique étend sa tyrannie sur le pays en ruine. Pax Christi ! - Edmond Paris, The Vatican Against Europe, The Wickliffe Press, p. 15.

Benito Mussolini était très apprécié des Jésuites de Rome. Homme providentiel, il a restitué la Cité du Vatican à la papauté en 1929.

Que se passe-t-il en Europe entre les deux massacres ? En Italie, des négociations secrètes ont lieu entre les agents pontificaux et Mussolini, "l'homme de la providence". Le prêtre Don Sturzo, chef du groupe catholique, fait voter les pleins droits au Duce en novembre 1922. Puis ce fut le traité du Latran, pour sceller l'union du fascisme et de la papauté, la conquête de l'Ethiopie - bénite par le clergé - et, le vendredi saint 1939, l'agression contre l'Albanie. - Ibid. page 15.

Selon Pie XI,

Mussolini progresse rapidement et, grâce à sa force élémentaire, il va conquérir tout ce qui se trouve sur son chemin. Mussolini est un homme merveilleux - Vous m'entendez ? - un homme merveilleux.... L'avenir lui appartient. - Ibid. page 69.

Aujourd'hui, Rome considère le régime fasciste comme le plus proche de ses dogmes et de ses intérêts. Non seulement le révérend père Coughlin fait l'éloge de l'Italie de Mussolini en tant que "démocratie chrétienne", mais Civilta Cattolica, l'organe interne des Jésuites, déclare franchement : "Le fascisme est le régime qui correspond le mieux aux concepts de l'Église de Rome". - Pierre Van Paassen, Les jours de nos années, Hillman-Curl, p. 465.

Nous avons lu une citation précédente qui disait qu'Hitler avait mis en pratique les principes impitoyables de la papauté. Nous voyons maintenant que Mussolini a fait la même chose. Les trois puissances de l'axe européen, avec leurs marionnettes catholiques, n'ont pas été les seules à faire les quatre volontés de Rome pendant la Seconde Guerre mondiale. Franklin Roosevelt, président des États-Unis, a également exécuté les souhaits de Rome.

> [Le cardinal Spellman s'est vu offrir par Roosevelt une opportunité sans précédent qui l'obligerait à quitter son archevêché pendant des mois.... La proposition stupéfiante de Roosevelt était que Spellman agisse en tant qu'agent clandestin pour lui aux quatre coins du monde. L'archevêque aurait pour mission de contacter les chefs d'État au Moyen-Orient, en Europe, en Asie et en Afrique. Il portera des messages pour le Président ... et sera les yeux et les oreilles de Roosevelt.... Le Président lui offre l'opportunité d'exercer plus de pouvoir qu'aucune autre personnalité religieuse américaine n'en a jamais eu. Spellman se hisserait au même rang que les plus grandes figures de la scène politique mondiale... Mais peu de gens sont certains de ce que l'archevêque a fait au cours de ses voyages lointains. Son travail clandestin a soulevé des questions dans son pays sur le rôle d'un religieux profondément impliqué dans les affaires gouvernementales. - John Cooney, The American Pope, Times Books, pp. 124, 125.

La première allégeance de Spellman allait au pape Pie XII, et pourtant, Franklin Roosevelt l'a utilisé comme son agent personnel.

De Roosevelt, nous lisons à nouveau,

> Roosevelt et Eisenhower ont approuvé le rapatriement forcé de quelque six millions de personnes [chrétiennes orthodoxes] en Russie, dont beaucoup ont été torturées ou tuées une fois arrivées à destination. Nikolaï Tolstoï et Alexandre Soljenitsyne sont deux Russes qui ont écrit sur cette décision abominable des dirigeants américains. Les Américains ont appelé ce rapatriement "opération Keelhaul", en référence à une forme de torture navale qui consiste à tirer le prisonnier sous la quille d'un navire à l'aide d'une corde attachée à son corps, afin qu'il soit sévèrement coupé par les bernacles qui se trouvent au fond du navire.

> Ces six millions d'individus n'étaient pas seulement des soldats qui avaient combattu du côté des Allemands contre les Russes, mais aussi des femmes et des enfants....

> Bien que Churchill et Roosevelt aient pris l'incroyable décision de renvoyer des millions de Russes anticommunistes vers une mort certaine, c'est le général Dwight Eisenhower qui a mis en œuvre l'opération "Keelhaul", sans aucun remords de conscience apparent. - Ralph Epperson, The Unseen Hand, Publius Press, p. 301.

Roosevelt n'a pas seulement utilisé Spellman comme agent, mais il a réalisé l'objectif des Jésuites d'anéantir autant de chrétiens orthodoxes que possible. Les Jésuites ont cherché à détruire les chrétiens orthodoxes de Serbie pendant la Première Guerre mondiale, et avec ce rapatriement à la fin de la Seconde Guerre mondiale, ils ont détruit plusieurs millions de chrétiens orthodoxes russes.

Roosevelt, Eisenhower et Churchill ont mis en œuvre le plan sanglant des Jésuites avec un succès considérable.

> Le général jésuite, le comte Halke von Ledochowski, était disposé à organiser, sur la base commune de l'anticommunisme, une certaine collaboration entre les services secrets allemands et l'ordre des jésuites...
>
> Von Ledochowski considérait comme inévitable le prochain règlement de comptes belliqueux entre la Russie et l'Allemagne... Et les Baseler Nachrichten (27 mars 1942) n'hésitent pas à écrire : "L'une des questions soulevées par l'activité allemande en Russie et qui revêt une importance suprême pour le Vatican est celle de l'évangélisation de la Russie."
>
> C'est ce que confirme le Père Duclos lui-même dans un livre couvert par l'Imprimatur : " Au cours de l'été 1941, Hitler fait appel à toutes les forces chrétiennes [...]. [il] autorise les missionnaires catholiques à se rendre dans les nouveaux territoires de l'Est....
>
> "On n'a pas oublié non plus qu'en France, le cardinal Baudrillart et Mgr Mayol de Luppe ont recruté la L.V.F. pour la croisade contre la Russie". - Edmond Paris, The Vatican Against Europe, The Wickliffe Press, pp. 240, 241.

Alors que les chrétiens orthodoxes de Russie étaient exterminés par la papauté, un massacre similaire se déroulait en Yougoslavie. Parmi les nombreux ouvrages consacrés à cette atrocité de la Seconde Guerre mondiale, citons Convert... or Die ! d'Edmond Paris, The Vatican's Holocaust d'Avro Manhattan et Ravening Wolves de Monica Farrell. Ces ouvrages traitent tous du meurtre d'environ un million de chrétiens orthodoxes pendant la Seconde Guerre mondiale par les Oustachis catholiques. Sur la couverture du livre de Farrell, on peut lire,

> Voici le récit des tortures et des meurtres commis en Europe en 1941-1943 par une armée d'actionnistes catholiques connue sous le nom d'Oustachis, dirigée par des moines et des prêtres, et à laquelle participaient même des religieuses. Les victimes ont souffert et sont mortes pour la cause de la liberté et de la liberté de conscience. Le moins que nous puissions faire est de lire le récit de leurs souffrances et de garder à l'esprit que cela s'est produit, non pas à l'âge des ténèbres, mais dans notre propre génération ÉCLAIRÉE. Ustashi est un autre nom de l'Action catholique. - Monica Farrell, Ravening Wolves, Protestant Publications, couverture.
>
> L'expulsion massive ou la conversion forcée des chrétiens orthodoxes au catholicisme romain était à l'ordre du jour. Toutes les mesures visant à éliminer les Serbes de Croatie ont été mises en œuvre sous le slogan énoncé par l'un des ministres croates : "Nous allons massacrer le premier tiers des Serbes, expulser le deuxième tiers du pays et forcer le dernier tiers à accepter le catholicisme romain" : "Nous massacrerons le premier tiers des Serbes, nous expulserons le deuxième tiers du pays et nous forcerons le dernier tiers à accepter la foi catholique, de sorte qu'ils seront absorbés par l'élément catholique. - Lazo M. Kostich, Holocauste dans l'État indépendant de Croatie, Liberty, p. 18.

À la fin des années 1990, la papauté tentait encore d'exterminer les chrétiens orthodoxes de Serbie. Dans ce conflit, la papauté a utilisé les États-Unis comme un moyen de pression pour bombarder la Serbie. Le véritable boucher des Balkans est le pape et l'Église catholique, pas Slobodan Milosevic. Ils jugent la mauvaise personne pour crimes de guerre.

Un autre objectif des Jésuites lors de la Seconde Guerre mondiale était de rendre la situation si mauvaise pour la race juive qu'elle souhaiterait retourner en Palestine. Vers la fin de la Première Guerre mondiale, la déclaration Balfour a été signée pour permettre aux Juifs de retourner en Palestine. Ce devait être leur foyer permanent. Cependant, de nombreux Juifs avaient réussi dans diverses parties du monde et ne voulaient pas revenir. Lorsque la Seconde Guerre mondiale et l'Holocauste juif ont éclaté, les Juifs persécutés ont cherché un endroit où se sentir chez eux, et beaucoup sont retournés en Palestine. En 1948, Israël a été déclaré nation souveraine. Selon le livre de Cooney, The American Pope, page 187, Francis Spellman a été le facteur décisif dans l'acceptation d'Israël en tant qu'État souverain.

Pourquoi les Jésuites ont-ils utilisé Hitler pour anéantir les Juifs, puis ont-ils demandé au cardinal jésuite Francis Spellman de leur fournir un foyer en Palestine ? Observez bien. Le Vatican cherche à détruire les Juifs depuis mille ans.

> ... derrière la bannière sioniste se trouvait l'ancien espoir messianique de l'avènement d'une théocratie mondiale, comme l'avaient prédit tous les voyants et prophètes de Sion. Il devait s'agir d'une théocratie dans laquelle Jéhovah, et non le Christ, serait roi.
>
> Le spectre de la création d'une telle théocratie a hanté les chambres intérieures de l'Église catholique depuis ses débuts, et reste une crainte dominante.
>
> Aux yeux du Vatican, l'aspiration millénariste à une théocratie hébraïque mondiale représente donc une menace mortelle pour les enseignements eschatologiques de l'Église catholique. Traduite en termes politiques concrets, une telle vision n'est pas seulement synonyme de rivalité, mais aussi d'inimitié implacable. - Avro Manhattan, The Vatican Moscow Washington Alliance, Ozark Books, pp. 169, 170.

À première vue, la nation d'Israël en Palestine semblait être une grande opportunité pour les Juifs d'avoir leur propre pays. Cependant, quel a été le résultat du retour des Juifs en Palestine ? Depuis que le statut de souverain leur a été accordé en 1948, les Juifs se sont livrés à une succession de batailles dévastatrices avec les Arabes. De nombreux Juifs sont morts, comme les Jésuites l'espéraient et le savaient.

Avec le retour des Juifs en Israël en Palestine, les Jésuites espéraient provoquer un tel bain de sang dans cette partie du monde que le monde réclamerait à grands cris l'arrivée d'un artisan de la paix dans la région. Et qui serait cet artisan de la paix ? Le pape de la Cité du Vatican, bien sûr. Les Jésuites veulent depuis longtemps restaurer le pouvoir temporel du pape. Lorsque le pape recevra le trône de Salomon à Jérusalem, l'objectif tant attendu sera atteint. La guerre contre le terrorisme qui a débuté le 11 septembre 2001, que George Bush qualifie de croisade, pourrait certainement aggraver les troubles dans cette région pour amener le règne du pontife de Jérusalem.

Les Jésuites ont échoué dans leurs tentatives de mettre en place un organe de gouvernement mondial après la Première Guerre mondiale. Ils ont atteint leur sinistre objectif après la Seconde Guerre mondiale. Après la guerre, le monde fatigué et endolori a été conditionné pour accepter un gouvernement international, et les Nations unies sont nées. Depuis la création des Nations unies en 1945, ce soi-disant organisme de "maintien de la paix" a lamentablement échoué à maintenir la paix dans le monde. Pourquoi ? Parce que le maintien de la paix n'est pas leur objectif, même s'ils continuent à le prétendre. Il y a actuellement quelque 83 guerres différentes dans le monde. Cependant, elle a certainement contribué à supprimer les peuples épris de liberté. Le Katanga et la Rhodésie ne sont que deux exemples de nations écrasées par les forces de l'ONU. Les Nations unies ont travaillé sans relâche pour restaurer le pouvoir temporel de la papauté, ce qui est leur objectif depuis le début.

Nous allons examiner un autre des objectifs des Jésuites lors de la Seconde Guerre mondiale. L'heure de la revanche a sonné pour les Japonais. À la fin des années 1500, les Japonais avaient accueilli tous les étrangers qui voulaient commercer avec eux. Les missionnaires catholiques étaient également les bienvenus. Au bout d'un certain temps, les missionnaires catholiques sont devenus intolérants à l'égard de toutes les autres croyances. Des troubles et des persécutions s'ensuivirent et le Japon devint un bain de sang pendant plusieurs décennies. Finalement, en 1639, l'édit d'exclusion a été adopté. Il stipulait ce qui suit :

> À l'avenir, tant que le soleil illuminera le monde, que personne n'ait la prétention de naviguer vers le Japon, pas même en qualité d'ambassadeur, et cette déclaration ne sera jamais révoquée, sous peine de mort. - Avro Manhattan, Vietnam : Why Did We Go ? Chick Publications, p. 153.

Pendant près de deux cents ans, les ports du Japon ont été fermés aux missionnaires jésuites, qui cherchaient à s'emparer du Japon pour le compte de l'orgueilleux pape. Pendant la seconde moitié du XIXe siècle, la puissance militaire a été utilisée contre la nation insulaire. Cela l'amadoua jusqu'à l'horrible conflit sanglant de la Seconde Guerre mondiale dans le Pacifique Sud, qui culmina avec les bombardements d'Hiroshima et de Nagasaki. Le Japon est mis à genoux - pour toujours. La vengeance est arrivée.

Chapitre 8—Le Président John F. Kennedy

De nouvelles preuves ont récemment été découvertes concernant l'assassinat du président John F. Kennedy, qui montreront qui a réellement planifié et exécuté ce meurtre. Ces nouveaux éléments montreront que le rapport de la Commission Warren, qui est le dernier mot du gouvernement sur l'assassinat, est une dissimulation complète de ce qui s'est réellement passé. L'analyse suivante de l'assassinat comprendra plusieurs événements et situations qui pourraient ne pas sembler liés à ce meurtre, mais qui montreront l'ampleur de l'intrigue qui se cache derrière.

Alors qu'il circulait dans un cortège ouvert, le président Kennedy a été abattu sur Dealy Plaza le vendredi 22 novembre 1963 à 12 h 30. Une grande scène de réjouissance s'est déroulée pendant que le président des États-Unis traversait le centre-ville de Dallas. On aurait dit que tout le monde souriait dans ces milliers de personnes qui s'agitaient. Mais soudain, des coups de feu ont retenti et, peu de temps après, le président Kennedy est mort à l'hôpital Parkland Memorial.

Cette affaire a déconcerté les gens au cours des quatre dernières décennies et constitue l'un des dix mystères les plus irrésolus de ces cent dernières années. La commission Warren, chargée d'enquêter sur l'assassinat, a conclu qu'un tireur isolé, Lee Harvey Oswald, était l'auteur de l'assassinat. Elle a affirmé qu'Oswald avait tiré sur le président Kennedy depuis le bâtiment du Dallas Book Depository, derrière sa voiture. Cependant, des preuves accablantes réfutent aujourd'hui le rapport de la commission Warren et mettent en évidence une dissimulation et une conspiration massives à l'origine de l'assassinat. Deux jours après la mort du président Kennedy, Jack Ruby a assassiné Oswald. Pourquoi ? Pour l'empêcher de parler ?

Deux raisons principales expliquent l'assassinat de Kennedy. Il s'agit de la guerre du Vietnam et de la Banque fédérale de réserve.

Le président Kennedy a envoyé deux collaborateurs au Viêt Nam, McNamara et Taylor, qui ont recueilli des renseignements qui l'ont convaincu que les États-Unis devaient se retirer du Viêt Nam. La note qu'ils ont adressée au président était intitulée *Report of McNamara-Taylor Mission to South Vietnam (Rapport de la mission McNamara-Taylor au Sud-Vietnam)*.

> Avec ce rapport en main, le président Kennedy avait ce qu'il voulait. Il contenait l'essentiel des décisions qu'il devait prendre. Il devait se faire réélire pour achever les programmes mis en place au cours de son premier mandat ; il devait faire sortir les

Américains du Viêt Nam. - Col. L. Fletcher Prouty, *JFK : The CIA, Vietnam, and The Plot to Assassinate John F. Kennedy*, Carol Publishing Group, p. 264.

C'est ce que nous dit Fletcher Prouty,

> Le 22 novembre 1963, le gouvernement des États-Unis a été repris par le groupe de superpuissances qui souhaitait une escalade de la guerre en Indochine et un renforcement militaire continu pour les générations à venir. - Ibid. p. 264.

Alors que le président Kennedy commençait à désamorcer l'engagement américain en Asie du Sud-Est, ce groupe de superpuissances planifiait son assassinat. Après l'assassinat de Kennedy, ils se sont assurés que l'Amérique resterait au Viêt Nam pendant longtemps.

Qui était ce groupe ? Qui voulait que nous soyons au Sud-Vietnam et pourquoi ? Lorsque nous aurons répondu à ces questions, nous connaîtrons les commanditaires de l'assassinat de JFK.

Avro Manhattan est un journaliste britannique qui a travaillé pendant de nombreuses années pour la British Broadcasting Company. Il a écrit au moins 15 livres sur le rôle de l'Église catholique romaine dans les affaires mondiales. Dans son livre, Vietnam : Why Did We Go ?

> L'origine politique et militaire de la guerre du Viêt Nam a été décrite par des millions de mots écrits et parlés. Pourtant, rien n'a été dit sur l'une des forces les plus significatives qui ont contribué à sa promotion, à savoir le rôle joué par la religion, c'est-à-dire, dans ce cas, le rôle joué par l'Église catholique et par son homologue diplomatique, le Vatican. Leur participation active n'est pas une simple spéculation. Il s'agit d'un fait historique aussi concret que la présence des États-Unis ou la résistance massive de la guérilla du communisme asiatique. Les activités des deux derniers ont été examinées dans des milliers d'ouvrages, mais les premières n'ont jamais été évaluées, pas même sous une forme résumée. *L'Église catholique doit être considérée comme l'un des principaux promoteurs de l'origine, de l'escalade et de la poursuite du conflit vietnamien.* Dès le début, cette motivation religieuse a contribué à déclencher l'avalanche qui allait causer des agonies sans fin sur les continents asiatique et américain.
>
> Le prix à payer a été immense : des milliers de milliards de dollars, la dislocation massive de populations entières, l'anarchie politique, une dévastation militaire d'une ampleur sans précédent, la honte du monde civilisé, la perte de milliers et de milliers de jeunes Asiatiques et Américains. Enfin et surtout, les blessures, les mutilations et la mort de centaines de milliers d'hommes, de femmes et d'enfants. La tragédie du Viêt Nam restera dans l'histoire comme l'un des actes les plus pernicieux de l'alliance contemporaine entre la politique et la religion organisée.
>
> Des facteurs de nature politique, idéologique, économique et militaire ont joué un rôle non négligeable dans le déroulement de la guerre, mais la religion de l'Église catholique en a été l'un des principaux instigateurs. Depuis le début, son rôle a été minimisé, quand il n'a pas été complètement effacé. Les faits concrets ne peuvent cependant pas être effacés aussi facilement, et ce sont eux que nous allons maintenant examiner, même si

c'est brièvement. - Avro Manhattan, *Vietnam : Why Did We Go*, Chick Publications, 1984, p. 13, c'est nous qui soulignons.

L'avant-propos de l'éditeur de ce livre, à la page 3, indique :

> Avro Manhattan, autorité mondiale en matière de politique vaticane, a révélé la véritable raison pour laquelle nos soldats ont souffert et sont morts au Viêt Nam. Il explique leur mort par le désir passionné du Vatican de rendre l'Asie catholique. Des agents du Vatican ont conçu et préparé la guerre du Viêt Nam. Les soldats américains servaient le Vatican dans leur lutte désespérée pour survivre dans la jungle, dans l'enfer de la guerre, de la douleur, de la mort et de la destruction. *Tout cela a été conçu par [...] ses Jésuites.* - Ibid. p. 3, souligné par l'auteur.

Beaucoup, en particulier les catholiques, peuvent s'opposer aux faits énoncés dans les citations précédentes, mais nous devons présenter les faits tels qu'ils sont et tels qu'ils se sont produits. Lorsque ce livre parle de l'Église catholique, il ne s'agit pas des membres fidèles de l'Église qui ne savent rien de ce genre de choses. Il s'agit des dirigeants du Vatican et de leur Ordre des Jésuites.

Selon Avro Manhattan, la guerre du Viêt Nam a été menée parce que le Vatican voulait créer une base de pouvoir en Asie du Sud-Est à partir de laquelle il pourrait prendre le contrôle de toute l'Asie du Sud-Est, puis de toute l'Asie. Les citations suivantes sont tirées de ce même livre.

> Avant la Seconde Guerre mondiale, Ho Chi Minh a commencé à manœuvrer en faveur d'un Viêt Nam communiste. Il a reçu l'aide des États-Unis contre les Japonais, mais a utilisé cette aide pour consolider son emprise sur les hauts plateaux du Tonkin. En août 1945, il entre à Hanoï et met en place le gouvernement provisoire de la République démocratique du Viêt Nam. Après l'élection du pape Jean 23 en 1958 et le revirement du Vatican de la guerre froide vers la coopération avec le marxisme, Ho Chi Minh a conclu un accord secret avec le pape Jean qui a finalement abouti au contrôle total du pays par le Nord. - Ibid. p. 177.

> Le président du Sud-Vietnam, Ngo Dinh Diem, était un catholique pratiquant qui dirigeait le Sud-Vietnam d'une main de fer. Il croyait sincèrement au mal du communisme et à l'unicité de l'Église catholique. *À l'origine, il avait été nommé à la présidence par le cardinal Spellman et le pape Pie XII*. Il a transformé la présidence en une véritable dictature catholique, écrasant sans pitié ses opposants religieux et politiques. De nombreux moines bouddhistes se sont suicidés par le feu, s'immolant par le feu pour protester contre ses persécutions religieuses. Sa persécution discriminatoire des non-catholiques, en particulier des bouddhistes, a provoqué la désorganisation du gouvernement et des désertions massives dans l'armée. Cela a finalement conduit à l'intervention militaire des États-Unis au Sud-Vietnam.

> Dans cette entreprise de terrorisation, il était aidé par ses deux frères catholiques, le chef de la police secrète et l'archevêque de Hue. - Ibid. p. 56, (c'est nous qui soulignons).

Le cardinal Francis Spellman, archevêque de New York, a été l'homme clé qui a fait entrer l'Amérique dans le conflit.

Il s'est employé à persuader les États-Unis de choisir Diem et de le soutenir en tant que président du Sud-Vietnam. Il a été nommé vicaire général des forces armées américaines et a appelé les GI les "soldats du Christ" [c'est-à-dire les soldats de l'Église catholique] lors de ses fréquentes visites sur le front de la guerre au Viêt Nam. - Ibid. p. 71.

Le Vatican a joué les deux camps l'un contre l'autre dans cette guerre civile vietnamienne. Il a contrôlé Diem dans le Sud tout en conseillant Ho Chi Minh dans le Nord et en concluant des accords secrets avec lui. Ainsi, quelle que soit l'issue de la guerre, le Vatican triompherait et contrôlerait le Viêt Nam. La tentative du président Kennedy d'arrêter le bain de sang a suscité la colère indéfectible des instigateurs de la guerre, les Jésuites de la papauté.

Le président Kennedy a commencé à désamorcer l'engagement américain au Viêt Nam peu avant sa mort. Le lendemain de son assassinat brutal, les événements suivants se sont produits :

À 8h30, le samedi 23 novembre 1963, la limousine transportant le directeur de la CIA John McCone s'est arrêtée dans le parc de la Maison Blanche.... Il s'y trouvait également pour régler une affaire avant de s'impliquer dans tous les détails d'une transition présidentielle : la signature du mémorandum 278 sur la sécurité nationale, un document classifié qui annulait immédiatement la décision de John Kennedy de désamorcer la guerre au Viêt Nam. Le mémorandum 278 aurait pour effet de donner carte blanche à la Central Intelligence Agency pour poursuivre une guerre à grande échelle en Extrême-Orient.... En effet, à partir du 23 novembre 1963, l'Extrême-Orient remplacera Cuba en tant qu'épine dans le pied de l'Amérique. Il allait également créer une toute nouvelle source de stupéfiants pour les marchés mondiaux de la mafia. - Robert Morrow, First Hand Knowledge, Shapolsky Publishers, p. 249.

Le lendemain de l'assassinat de Kennedy, la décision de mettre fin à l'engagement américain au Viêt Nam a été annulée et le programme du Vatican s'est poursuivi.

La déclaration de Morrow a également révélé une autre raison pour laquelle les Jésuites voulaient poursuivre la guerre : le commerce international de la drogue leur rapporterait des milliards de dollars. Au cours des quatre derniers siècles, les Jésuites ont été impliqués dans le commerce de la drogue en Extrême-Orient et ils ne voulaient certainement pas perdre cette opportunité, même si cela signifiait la vie de millions de personnes !

Depuis que la première *mission jésuite* s'est établie à Pékin en 1601, la Compagnie de Jésus [les Jésuites] détient la clé du commerce avec l'Extrême-Orient - y compris le *commerce de la drogue*. - auteurs assortis, Dope, Inc : The Book that Drove Kissenger Crazy, Executive Intelligence Review, p. 117, (c'est nous qui soulignons).

Les politiciens de Washington, contrôlés par les jésuites, voulaient poursuivre la guerre au Viêt Nam. Ils voulaient créer une puissance catholique en Asie du Sud-Est.

Ils voulaient maintenir leur contrôle sur le marché international de la drogue qu'ils détenaient depuis 400 ans en Extrême-Orient. Lorsque le président Kennedy s'est trouvé sur leur chemin, il a fallu l'écarter. Les Jésuites ont fait assassiner John Kennedy.

La deuxième raison de l'assassinat de Kennedy était son intention d'éliminer la Réserve fédérale. Le colonel James Gritz explique,

> Lorsque Kennedy a appelé au retour de la monnaie américaine à l'étalon-or et au démantèlement du système de la Réserve fédérale - il a en fait frappé de la monnaie sans dette qui ne porte pas la marque de la Réserve fédérale ; lorsqu'il a osé exercer l'autorité que lui conférait la Constitution des États-Unis... Kennedy a préparé son propre arrêt de mort. Il était temps pour lui de partir. - Colonel James Gritz, Called to Serve : Profiles in Conspiracy from John F. Kennedy to George Bush, Lazarus Publishing, pp 511, 512.

Le président Kennedy tentait de démanteler le système de la Réserve fédérale, qui est la banque centrale des États-Unis, une création des Jésuites.

La Constitution des États-Unis donne au Congrès le pouvoir de battre monnaie. Si le Congrès américain frappait sa propre monnaie comme l'exige la Constitution, il n'aurait pas à payer les centaines de milliards de dollars d'intérêts qu'il verse aujourd'hui chaque année aux banquiers au titre de la dette nationale, pour de l'argent qui n'existe pas.

Nous avons vu dans les chapitres précédents qui était responsable de la création de la Federal Reserve Bank, et du fonctionnement inconstitutionnel de cette banque qui vole l'argent des citoyens américains. Les Jésuites, si vous vous souvenez du chapitre 2, ont essayé d'assassiner le président Andrew Jackson pour avoir mis fin à la banque centrale. Ils ont malheureusement réussi à assassiner Kennedy pour avoir tenté de faire la même chose. Les Jésuites utilisent la richesse créée par la Réserve fédérale pour financer leurs actes meurtriers.

John Kennedy s'est attiré les foudres mortelles des Jésuites pour avoir osé agir en tant que président et non comme leur marionnette.

Mais vous dites : "Attendez une minute. Kennedy était catholique. C'est le seul président catholique que nous ayons jamais eu." C'est tout à fait exact. Même si Kennedy était catholique, il a fait passer le bien-être des États-Unis avant les désirs de la papauté. Il n'était pas jésuite.

Voici une section très intéressante des instructions secrètes de l'Ordre des Jésuites, rédigées par leur fondateur, Ignace de Loyola.

> Enfin, que tous, avec une telle habileté, prennent l'ascendant sur les princes, les nobles et les magistrats de tous les lieux qu'ils soient prêts à se mettre à notre disposition, même à sacrifier leurs parents les plus proches et leurs amis les plus intimes quand nous le

> dirons dans notre intérêt et à notre avantage. - W. C. Brownlee, Secret Instructions of the Jesuits, American and Foreign Christian Union, p. 47.

Nous voyons ici que si l'Ordre des Jésuites dit qu'une personne doit mourir, peu importe qu'il s'agisse de votre meilleur ami, de votre père ou de votre frère, elle doit être tuée. L'Ordre des Jésuites de l'Église catholique romaine est un système ignoble, diabolique et malfaisant.

Pensez-vous que l'Église catholique n'est pas si puissante que cela ? Pensez-vous que cela la rende trop puissante ? Avro Manhattan nous le dit :

> Le cardinal Francis Spellman, de New York, était le vicaire militaire des forces armées américaines au Vietnam. Il était également le lien officieux entre le pape et John Foster Dulles, le secrétaire d'État américain, et donc le frère de ce dernier, Alan, qui dirigeait la CIA. - Avro Manhattan, Murder in the Vatican, Ozark Books, pp. 35, 36.

Ainsi, par l'intermédiaire du cardinal Francis Spellman, l'Église catholique romaine et les Jésuites avaient accès à John Foster Dulles, le secrétaire d'État, et au frère de John Foster Dulles, Alan, qui dirigeait l'Agence centrale de renseignement, et exerçaient un contrôle sur eux. Ces deux départements, ainsi que le FBI, étaient entre les mains du cardinal Francis Spellman, chef de l'Église catholique à New York.

> L'Église catholique des États-Unis peut financièrement faire face à tous les trusts géants de l'Amérique. Sur le plan politique, elle occupe une place de plus en plus importante à la Maison Blanche, au Sénat et au Congrès. Elle est une force au Pentagone, un agent secret au FBI et le moteur le plus subtilement intangible de la roue de la S.S. à l'intérieur d'une roue, la Central Intelligence Agency. - Ibid. p. 271.

Jean Hill a également été témoin de l'assassinat de Kennedy. Dans son livre, intitulé JFK : The Last Dissenting Witness, elle raconte qu'au cours d'une conversation, son ami J.B., qui était l'un des policiers du cortège qui accompagnait Kennedy, lui a dit,

> "Pendant que Kennedy était occupé à serrer la main de tous ceux qui le souhaitaient à l'aéroport, les membres des services secrets de Johnson sont venus voir les motards et nous ont donné un tas d'instructions. La chose la plus étrange est qu'ils nous ont dit que l'itinéraire du défilé à travers Dealy Plaza allait être modifié." "Modifié ? Comment ?" demande Jean Hill. "À l'origine, le défilé devait descendre tout droit dans Main Street". J.B. ajoute : "Mais ils nous ont dit de ne pas en tenir compte. Au lieu de cela, on nous a dit de faire un petit jogging sur Houston et de couper sur Elm." Jean sentit sa bouche s'entrouvrir. "Si vous étiez restés sur Main Street, Kennedy aurait pu être complètement hors de portée de celui qui lui tirait dessus. Mon 'tireur' derrière la barrière en bois n'aurait certainement pas eu beaucoup de chance de le toucher de là". J.B. la regarde sans broncher. "C'est peut-être pour cela qu'ils ont changé d'itinéraire", dit-il sans ambages. "Mais ce n'est pas tout. Ils nous ont aussi ordonné la formation d'escorte la plus folle que j'aie jamais vue. D'habitude, la voiture est encadrée par quatre motos, une sur chaque aile. Mais cette fois-ci, ils ont dit aux quatre d'entre nous affectés à la voiture du président qu'il n'y aurait pas d'escorte vers l'avant. Nous devions rester bien à l'arrière et ne jamais nous

laisser devancer par les roues arrière de la voiture. Je n'avais jamais entendu parler d'une telle formation, et encore moins monté dans une voiture, mais ils ont dit qu'ils voulaient permettre à la foule d'avoir une "vue imprenable" sur le président. Eh bien, je suppose que quelqu'un a eu une vue imprenable sur lui". - Jean Hill, JFK : The Last Dissenting Witness, Pelican Publishing, p. 113.

L'itinéraire du cortège à travers Dallas a donc été modifié, et la raison invoquée était que les gens auraient une excellente vue du président des États-Unis. Les assassins jésuites l'ont bien vu !

D'autres faits singuliers se sont également produits. Lyndon Johnson, le vice-président des États-Unis, avait apparemment un vrai problème. Suite de la conversation de Jean Hill avec son amie dans le cortège,

> "Qu'est-ce que tu racontes ? demande Jean avec innocence. "Je ne comprends pas. "Mes amis du cortège disent qu'il a commencé à se cacher dans la voiture 30 ou 40 secondes avant les premiers coups de feu. Je dirais que c'est un peu particulier, non ?" "Oh, voyons, J.B.", dit Jean Hill, pensant qu'il devait plaisanter. "Ils n'étaient manifestement pas sérieux, n'est-ce pas ? "Pour autant que je sache, ils étaient tout à fait sérieux". dit J.B. "L'un d'eux a dit à Maguire qu'il avait vu Johnson se baisser avant même que la voiture ne tourne sur Houston Street, et il est certain que ___ ne riait pas quand il l'a dit. "Peut-être que Johnson a fait tomber quelque chose par terre et qu'il s'est penché pour le ramasser. Je veux dire qu'il peut y avoir une explication simple." "Peut-être bien". J.B. répond. "Je ne prétends pas savoir quelles étaient ses raisons, mais ce type a dit qu'il avait l'air de s'attendre à ce que des balles volent. Quand j'ai entendu ça, j'ai commencé à me poser des questions sur un tas d'autres choses". - Ibid. pp. 114-116.

Lyndon Johnson se comportait comme s'il savait que les balles allaient bientôt fuser, se baissant à plusieurs reprises avant que les coups de feu ne retentissent.

La loi texane interdit que les personnes décédées dans l'État du Texas soient enlevées sans autopsie. Les principaux médecins du Parkland Memorial Hospital de Dallas ont été menacés d'une arme lorsque le corps de John F. Kennedy a été évacué de l'hôpital sans autopsie. Pourquoi ? Il existe des preuves accablantes que plus d'une balle a tué JFK. Il y avait des preuves accablantes que le rapport de la Commission Warren n'était que mensonges. Les médecins auraient trouvé de nombreuses balles qui auraient fait voler en éclats l'idée que Lee Harvey Oswald était le tireur de l'emprunt. C'est pourquoi l'autopsie n'a pas été autorisée au Texas. C'est pourquoi le corps de Kennedy a été expédié à Washington D.C. où une autopsie fédérale a pu être pratiquée, et où l'on a pu fabriquer des preuves pour étayer les mensonges de la commission Warren. Il y avait une conspiration menée par les Jésuites pour tuer JFK et ils ne voulaient pas que les preuves soient divulguées, peu importe le nombre de personnes qui devaient être tuées au cours du processus.

Si plusieurs balles ont réellement été tirées ce jour-là sur la place Dealy, la voiture aurait certainement dû en contenir la preuve. Et c'est ce qui s'est passé.

> Trois jours après l'assassinat, Carl Renas, chef de la sécurité de la division Dearborn de la Ford Motor Company, conduit la limousine, hélicoptères en vol stationnaire au-dessus de la tête, de Washington à Cincinnati. Ce faisant, il remarque plusieurs impacts de balles, le plus notable étant celui de la moulure chromée du pare-brise, qui, selon lui, est clairement "un impact primaire" et "non un fragment". Renas emmène la limousine chez Hess and Eisenhart, à Cincinnati, où la moulure chromée est remplacée. Les services secrets ont demandé à Renas de "se taire". - Charles Crenshaw, JFK : Conspiracy of Silence, Penguin Books USA, p. 106.

Renas était le chef de la sécurité de la division Dearborn de Ford Motor Co. Qui était le chef de cette division en 1963 qui a envoyé Renas pour la mission de sa vie ?

> Henry Ford II déclare aujourd'hui que la première fois qu'il se souvient avoir rencontré Lee Iacocca, c'était en novembre 1960, lorsqu'il a convoqué le jeune vendeur dans son bureau pour lui annoncer qu'il lui confiait le commandement de la division Ford [à Dearborn]. - Robert Lacey, Ford, the Men and the Machine, Ballantine Books, p. 531.

Lee Iacocca était le responsable de la division Dearborn de la Ford Motor Company, qui a envoyé Carl Renas à Washington D.C. pour récupérer la voiture dans laquelle se trouvait JFK lorsqu'il a été assassiné. Iacocca a dirigé la division Dearborn jusqu'à ce qu'il devienne président de Ford Motor Company en 1970. Iacocca a participé à la dissimulation en supprimant des preuves de l'assassinat de JFK.

Quel est son lien avec l'Église catholique ? Dans son autobiographie, Iacocca déclare,

> Il m'a fallu plusieurs années pour comprendre pourquoi je devais me confesser à un prêtre avant de communier, mais à l'adolescence, j'ai commencé à apprécier l'importance de ce droit très mal compris de l'Église catholique. Plus tard, je me suis sentie complètement revigorée après la confession. J'ai même commencé à participer à des week-ends de retraite où les jésuites, lors d'examens de conscience face à face, m'ont fait prendre conscience de la manière dont je menais ma vie. - Iacocca : An Autobiography, Bantam Books, p. 8.

C'est le catholique Lee Iacocca, directeur de la division Dearborn de Ford Motor Co. qui a envoyé Carl Renas chercher la limousine qui contenait les preuves des multiples balles tirées par les différents pistolets qui ont tué John F. Kennedy. N'est-il pas étonnant que, bien des années plus tard, en tant que président de Chrysler, Lee Iacocca se soit rendu au Congrès pour demander une aide financière ? Comme le catholique Iacocca avait été un serviteur si obéissant de ses maîtres jésuites, un autre catholique obéissant du nom de Thomas "Tip" O'Neill a utilisé son pouvoir de président de la Chambre des représentants pour obtenir de Lee Iacocca tout l'argent dont il avait besoin.

De nombreuses personnes en savaient beaucoup sur l'assassinat de Kennedy. Malheureusement, presque toutes sont mortes dans des circonstances mystérieuses. Il y a eu un effort concerté pour s'assurer qu'aucun secret ne soit jamais révélé. Même Jean Hill a déclaré qu'on avait tenté à plusieurs reprises de la tuer, elle et ses enfants.

> Jim Marrs, auteur de Crossfire : The Plot That Killed Kennedy, a écrit : "Au cours des trois années qui ont suivi l'assassinat du président Kennedy et de Lee Harvey Oswald, 18 témoins matériels sont morts - six par balle, trois dans des accidents de voiture, deux par suicide, un par égorgement, un par coup de karaté dans le cou, cinq de mort naturelle."
> ...Un mathématicien engagé par le Sunday Times de Londres en février 1967 a conclu que la probabilité que le nombre de témoins impliqués dans l'assassinat de John F. Kennedy meurent entre le 22 novembre 1963 et cette date était de 100 000 trillions contre un.....
> Entre le 22 novembre 1963 et août 1993, plus de 115 "témoins" sont morts ou ont été victimes de circonstances étranges, de suicides ou de meurtres. - Craig Roberts et John Armstrong, JFK : The Dead Witnesses, Consolidated Press, p. 3.

Kennedy est l'un des nombreux présidents, rois, tsars et empereurs qui ont refusé d'obéir aux Jésuites et qui ont été tués pour cela. Le rôle de la papauté dans ce meurtre odieux et dans la dissimulation de ce crime ne peut être nié. Nous avons vu que le Vatican avait un mobile, des personnes occupant des postes clés pour le mettre en œuvre et des personnes occupant des postes clés pour le dissimuler.

> Il y avait un groupe, une organisation, dont l'histoire était caractérisée par la planification et l'exécution de tels actes, qui avait un motif constant et durable, avant, pendant et après le crime, qui avait les connexions internationales nécessaires, qui avait l'argent, qui pouvait susciter l'abnégation suicidaire de ses membres et qui a continué d'exister pendant toutes les phases de la conspiration de l'assassinat. Il s'agit de l'Église catholique romaine. - Emmett McLoughlin, An Inquiry into the Assassination of Abraham Lincoln, Lyle Stuart, Inc.1963, p. 161.

Winston Churchill, le célèbre Premier ministre anglais de la Seconde Guerre mondiale, a déclaré un jour,

> La plupart des hommes trébuchent parfois sur la vérité, mais ils se relèvent et continuent comme si de rien n'était.

Nous connaissons maintenant les faits concernant l'un des événements les plus controversés de l'histoire américaine. Allez-vous trébucher sur la vérité et continuer comme si de rien n'était ou allez-vous commencer à analyser l'histoire et l'actualité sous un jour nouveau ?

Chapitre 9—Le Massacre de Waco

Un groupe religieux connu sous le nom de Branch Davidians vivait dans son enceinte appelée Mt. Carmel, juste à l'extérieur de Waco, au Texas. Le 19 avril 1993, des agents du gouvernement des États-Unis ont attaqué leur enceinte et assassiné des femmes et des enfants sans défense à l'aide de chars de combat, de lance-flammes et de gaz toxiques. Près d'une centaine d'innocents ont ainsi perdu la vie. Ce qui fait de cet événement une tragédie aux proportions terribles, c'est que les Davidians n'avaient rien fait pour provoquer cette attaque du gouvernement des États-Unis.

Les membres de la branche Davidians s'entendaient bien avec les membres de la communauté environnante. Ils avaient des convictions religieuses qui les distinguaient des autres églises, mais il faut savoir que beaucoup d'églises dites "normales" diffèrent les unes des autres. Leurs différences religieuses n'étaient certainement pas une excuse pour que le gouvernement des États-Unis détruise leur maison et leur vie, surtout sans procès. Le premier amendement de la Constitution garantit le droit d'adorer Dieu selon les préceptes de sa propre conscience, mais le gouvernement a complètement ignoré ce droit lors du massacre de Waco.

Il est extrêmement important de comprendre que pratiquement tout ce que le gouvernement et les médias ont dit sur ces personnes était des mensonges. De nombreux soi-disant experts ont livré des témoignages qui ont amené la majorité des gens à croire exactement le contraire de la vérité. À cause de ces mensonges généralisés, très peu de gens savent ce qu'étaient réellement les Davidians et très peu de gens savent exactement ce qui s'est passé pendant le siège de Waco. Les mensonges ont été proférés pour tenter de justifier, d'une manière ou d'une autre, ce que le gouvernement a fait à Waco.

Le premier amendement de la Constitution stipule que le gouvernement ne doit faire AUCUNE loi relative à la religion. Les droits constitutionnels des membres de la branche Davidians ont été totalement ignorés. Les meurtriers se sont rendus coupables des crimes les plus odieux, et ils s'en sont tirés à bon compte.

> Le matin avant Pâques de l'année dernière, Shirley Burton, porte-parole de l'Église adventiste du septième jour, a reçu un appel terrifiant. Au bout du fil, un représentant de l'Église en Australie l'avertissait que le lendemain, une explosion de violence se produirait dans une secte de Waco, au Texas, qui comptait des dizaines d'anciens adventistes. L'homme avait reçu l'avertissement des parents d'un membre de la secte.

"Les parents venaient d'apprendre qu'il y aurait un massacre-suicide", a déclaré Mme Burton, ajoutant que son esprit était rempli d'images du meurtre-suicide de Jim Jones et de 900 de ses disciples en Guyane, en 1978.

Les autorités ecclésiastiques ont prévenu la police de Waco et la fête de Pâques s'est déroulée sans incident. Mais la paix a connu une fin sanglante dimanche dernier, lorsque des membres de la secte ont entamé une fusillade avec des agents fédéraux. - The Washington Post, 3 mars 1993.

Les mots "culte" et "secte" sont utilisés chaque fois que le gouvernement ou les médias veulent jeter la suspicion ou discréditer un groupe religieux particulier.

Au printemps dernier, des représentants de l'Église adventiste du septième jour ont appris par des collègues de Sydney que les Davidians de la Branche préparaient un suicide collectif pour le dimanche de Pâques. À peu près au même moment, le département d'État a été informé par des sources australiennes que le groupe de Koresh stockait des armes et planifiait un suicide. Le Département d'État a transmis cette information à l'ATF [le Bureau gouvernemental des alcools, du tabac et des armes à feu] qui a commencé son enquête en juin [1992]. - Newsweek, 15 mars 1993.

Ces deux articles font état de rumeurs malveillantes concernant les Branch Davidians. Ces rumeurs n'ont jamais abouti. David Koresh, le chef des Davidians, a appris que l'ATF voulait obtenir des informations complètes à son sujet en juin 1992. Koresh a invité le BATF [Bureau gouvernemental de l'alcool, du tabac et des armes à feu] à se rendre dans l'enceinte du Mont Carmel afin d'examiner et de voir ce qu'il voulait. Tragiquement, le BATF a refusé de venir.

Le siège de l'enceinte des Davidiens a commencé le 28 février 1993. Au lieu de simplement frapper à la porte d'entrée, 100 agents du BATF ont pris d'assaut le complexe pour arrêter David Koresh. Koresh faisait souvent du jogging et le gouvernement aurait pu l'arrêter à ce moment-là, mais il ne voulait pas simplement arrêter Koresh. Le gouvernement voulait une confrontation. Les agents du BATF et du FBI, qui n'étaient pas menacés, ont ouvert le feu à l'arme automatique sur la porte d'entrée et les murs, sachant qu'il y avait des femmes et des enfants innocents à l'intérieur.

Au cours de ce siège, quatre agents du BATF ont été tués. Les quatre agents du BATF, qui sont morts le 28 février, avaient tous été gardes du corps de Bill Clinton depuis la convention démocrate jusqu'à ce que Bill Clinton devienne président. Ces quatre agents du BATF sont les seuls agents fédéraux à avoir trouvé la mort lors du siège de Waco. La cassette vidéo de Linda Thompson, intitulée Waco, the Big Lie, montre que ces agents du BATF n'ont pas été tués ou n'ont pas essuyé les tirs des membres de la branche Davidians. La cassette montre les agents pénétrant dans l'enceinte par une fenêtre à l'étage. Elle montre ensuite l'autre agent du BATF, qui se trouve sur le toit, en train de tirer par la fenêtre par laquelle les agents du BATF venaient d'entrer. Ces quatre agents du BATF, qui étaient les gardes du corps de Bill Clinton, ont été tués par leur propre peuple !

La tragédie de Waco soulève de nombreuses questions qui n'ont jamais trouvé de réponse. Pourquoi Bill Clinton est-il allé si loin à Waco ? Il y a eu des problèmes dans l'enceinte du Mont Carmel en 1987. Une fusillade a éclaté entre David Koresh et ses partisans, d'une part, et George Roden et ses partisans, d'autre part, au sujet de la direction des Davidians. Sept Davidians, ainsi que David Koresh, ont été arrêtés, inculpés et jugés pour tentative de meurtre. Selon le procureur du comté de McClennan, Vic Feazell :

> Nous n'avons eu aucun problème. Nous les avons traités comme des êtres humains au lieu de les prendre d'assaut. Ils étaient extrêmement polis. Après le procès, même si nous n'étions pas d'accord avec tout ce qu'ils croyaient ou disaient, beaucoup de membres du personnel étaient plutôt compréhensifs à leur égard. - Houston Chronicle, 1er mars 1993.

L'action du gouvernement a été une vulgaire démonstration de puissance, à laquelle les Davidiens ont répondu par la peur et la paranoïa. Si le gouvernement fédéral avait appelé les Davidians et leur avait parlé, ces derniers leur auraient donné ce qu'ils voulaient.

Koresh a été confronté à une autre situation impliquant les autorités fédérales. Lors d'une interview télévisée du 21 avril 1993, Henry McMahon, propriétaire d'un magasin d'armes à Waco, a déclaré que

> David Koresh m'a acheté pour au moins 50 000 dollars d'armes à feu. En juillet 1992, des officiers du BATF sont venus dans mon magasin pour poser des questions sur Koresh et ses achats d'armes à feu. J'ai appelé David Koresh, alors que le BATF était encore dans le magasin. Koresh m'a dit que s'il y avait un problème, il fallait leur dire de venir ici. J'ai proposé aux agents du BATF de les emmener dans l'enceinte du Mont Carmel pour voir les armes à feu que Koresh avait achetées, mais les agents du BATF ont refusé.

Koresh s'était montré extrêmement coopératif en 1987, puis en 1992. Il y avait manifestement une raison sinistre pour que les agents fédéraux, sous la direction de Bill Clinton, aient perpétré une telle cruauté au Mont Carmel. Enquêtons sur la véritable raison du massacre de Waco.

Si David Koresh était la cible principale du gouvernement, pourquoi n'a-t-il pas été arrêté pacifiquement afin que tant de vies innocentes ne soient pas perdues ? Selon les affirmations ou les mensonges du BATF, Koresh n'est jamais sorti de l'enceinte où il aurait pu être arrêté. Paul Fatta, un Davidien de la branche qui était parti faire des courses lorsque le raid a commencé, a fait ce commentaire dans de nombreux communiqués de presse.

> David Koresh, d'autres personnes et moi-même avons fait du jogging sur la route à trois miles de l'enceinte à de nombreuses reprises. Pourquoi n'a-t-il pas été arrêté à ce moment-là ? Nous avons quitté la propriété à plusieurs reprises.

Pourquoi Koresh n'a-t-il pas été arrêté lors de l'une de ses sorties de jogging ou lorsqu'il se trouvait à Waco ?

Les Davidians savaient-ils qu'ils étaient attaqués par des agents fédéraux ? David Thibodeau, un survivant de Waco, a été interviewé lors d'une émission de télévision nationale, A Current Affair, le 3 mai 1993. Il a déclaré que l'un des membres des Branch Davidians, Wayne Martin, un avocat formé à Harvard, avait appelé le 911 peu après que les agents fédéraux eurent pris d'assaut l'enceinte. Il a été mis en relation avec une autre agence, et la personne a dit : "Eh bien, salut les gars, comment ça va là-bas ?" Wayne Martin hurle au téléphone : "On nous tire dessus. On se fait tuer. On se fait tuer."

Comme tous les appels au 911 sont conservés, il semble qu'il serait facile de confirmer cet appel téléphonique, mais comme l'a déclaré la journaliste de Current Affair Mary Garafolo, "c'est devenu un enregistrement controversé que la police refuse de divulguer à la presse". Il n'y a eu absolument aucune réponse à cet appel d'urgence au 911. Pourquoi ? Seules des personnes travaillant pour un pouvoir qui déteste nos libertés pourraient faire une telle chose. Le jésuite Bill Clinton, qui a prêté le serment solennel d'obéir à la Constitution, a totalement ignoré la Constitution dans l'abomination qui s'est produite à Waco.

> C'est là que l'énorme pouvoir de l'Église [catholique] se fait sentir. C'est par cette direction [jésuite] que les *hommes d'État sont contraints d'agir, non pas dans l'intérêt du pays auquel ils appartiennent, mais dans l'intérêt de l'Église, qui les contrôle.* C'est ici que les questions les plus secrètes sont discutées et décidées. - M.F. Cusack, The Black Pope, Marshall Russell & Co, p. 106. (c'est nous qui soulignons).

Précisons ici que le nom de Pape Noir est le nom ou le titre donné au général suprême des Jésuites, qui est probablement l'homme le plus puissant du monde. Il reste totalement dans l'ombre et très peu le connaissent.

Examinons ensuite les accusations d'abus physiques ou sexuels dans l'enceinte du Mont Carmel. James Tom, un ancien Davidien, était le critique le plus virulent des Branch Davidians. Il a déclaré que David Koresh avait donné une fessée à sa fille (celle de Tom) pendant 30 à 40 minutes et que Tom, qui se trouvait juste à côté, n'avait rien fait pour l'en empêcher. Si David Koresh a vraiment donné une fessée à sa fille pendant 30 à 40 minutes, comment un père a-t-il pu avoir peur au point de ne pas intervenir pour l'en empêcher ?

Tom a déclaré que Koresh était l'image de Charles Manson. Si Koresh était l'image de Manson, pourquoi Tom aurait-il adhéré au mouvement ?

Lorsque 21 enfants ont été autorisés à quitter le Centre du Mont Carmel, le Houston Post a déclaré : "Les 21 enfants étaient psychologiquement en bonne condition. Ils étaient en bonne condition physique et ils étaient également très bien éduqués". En fait, les enfants qui ont quitté le Mont Carmel n'ont subi aucun abus physique, mental, moral ou psychologique.

David Koresh a été diabolisé par les principaux responsables du massacre, qui l'ont présenté comme un monstre absolument fou. Bob Ricks, le responsable du massacre de Waco, a déclaré que David Koresh était un sociopathe classique.

> C'est Ricks qui était responsable à Waco. - The (UK) Observer, 22 avril 2001.

Le procureur général Janet Reno l'a qualifié de "dangereux criminel". Bill Thompson, chroniqueur au Fort Worth News, l'a qualifié de "vil meurtrier de masse" et Bill Clinton l'a qualifié de "dangereux, irrationnel et probablement fou".

Ces personnes pratiquent ce que V. I. Lénine a conseillé : "Traitez votre ennemi de ce qu'il est, et dites toujours le contraire de la vérité." David Koresh a été diabolisé pour tenter de justifier leur crime odieux.

Un autre crime des plus abjects commis par les meurtriers de Waco a été la pulvérisation de gaz CS dans l'enceinte sur les femmes et les jeunes enfants. Ron Paul, membre du Congrès américain, a déclaré que

> "Le gaz CS est interdit par la Convention de Paris sur les armes chimiques. Les États-Unis ne pourraient pas l'utiliser en temps de guerre. C'est illégal, mais ils l'utiliseraient contre leurs propres citoyens". - The Washington Times, 23 avril 1993.

Benjamin Garrett, directeur exécutif de Chemical and Biological Arms Control (contrôle des armes chimiques et biologiques) a déclaré,

> Ce sont les enfants qui auraient été le plus durement touchés par le gaz CS - Plus on est petit, plus on ressent rapidement la réaction. - Ibid.

Le gaz CS est l'un des poisons les plus cruels que le gouvernement ait pu utiliser contre les jeunes enfants. Les photos du massacre montrent des enfants brûlés à vif, le dos arqué vers l'arrière, dans ce qui a dû être une mort des plus horribles.

Les personnes qui ont donné l'ordre de pomper du gaz CS dans l'enceinte de Waco avaient traité David Koresh de noms terribles. Ils ont également déclaré qu'ils avaient injecté le gaz pour le bien des enfants. Les noms terribles donnés à Koresh s'appliquent à eux, et ce sont les mêmes personnes, Bill Clinton, Janet Reno et Bob Ricks, qui ont assassiné ces enfants à Waco. Compte tenu des nombreux crimes commis à Waco par des personnes haut placées, nous nous penchons sur les conséquences de la tragédie de Waco. Souvent, un événement peut être mieux compris par les événements qui le suivent. Qui en profite ? Une législation controversée a-t-elle été adoptée qui détruirait la liberté constitutionnelle ? S'agit-il d'une vengeance pour un acte commis dans le passé ?

Deux semaines après le massacre de l'enceinte du Mont Carmel, John Chafee, sénateur du Rhode Island, a appelé à l'adoption d'une nouvelle loi interdisant la possession d'armes de poing à l'échelle nationale. Cette loi interdirait la vente, la possession, l'importation et l'exportation d'armes de poing. Si la proposition de M. Chafee avait été adoptée, elle aurait créé une énorme brèche dans le deuxième amendement de la Constitution des États-Unis, qui stipule que "le droit du peuple de garder et de porter des armes ne sera pas enfreint". Chaque loi sur les armes à feu adoptée par le Congrès constitue une atteinte à ce droit.

Qui veut désarmer les citoyens américains ? Personne ne veut être le dictateur d'une nation qui compte 200 millions d'armes à feu. Lorsque les citoyens d'une nation sont armés et que leur droit de posséder des armes n'est pas violé, le taux de criminalité est extrêmement bas.

En Suisse, tout homme est tenu d'avoir des armes à son domicile, y compris des fusils d'assaut. La criminalité en Suisse est quasiment inexistante. Dans les États et les villes d'Amérique qui autorisent le port d'armes, le taux de criminalité est extrêmement bas. Pendant la Seconde Guerre mondiale, Hitler voulait envahir la Suisse. Les Suisses lui ont dit qu'il pouvait envoyer son armée de l'autre côté de la frontière, mais qu'aucun de ses officiers ne reviendrait. Hitler a donné l'ordre d'envahir la Suisse à plusieurs reprises, mais ses officiers n'ont tout simplement pas obéi. La Suisse est restée neutre pendant toute la durée de la guerre.

Qui déteste la Constitution depuis le début ? Dès la création de ce pays, les Jésuites ont cherché à détruire la Constitution. Ils ont qualifié la Constitution de document satanique.

Le grand général français Lafayette a dit un jour,

> Je pense que si les libertés de ce pays - les États-Unis - sont détruites, ce sera par la subtilité des prêtres jésuites catholiques romains, car ce sont les ennemis les plus rusés et les plus dangereux de la liberté civile et religieuse. Ils ont été à l'origine de la plupart des guerres en Europe. - Eric Jon Phelps, Vatican Assassins, Halycon Unified Services, p. 54.

Les Jésuites ont utilisé leur homme, Bill Clinton, pour provoquer et mener à bien la destruction de Waco. Ils espéraient ainsi pouvoir faire passer les lois illégales qui aboliraient effectivement le deuxième amendement de la Constitution dans la foulée. Il est facile d'identifier les Jésuites et leurs marionnettes au sein du Congrès des États-Unis, car ce sont eux qui tentent continuellement de faire adopter des lois restrictives sur les armes à feu.

Il y avait une autre raison pour Waco que Bill Clinton a révélée les 19 et 20 avril 1993. Cette déclaration a été faite dans le Rose Garden et peut être trouvée dans les documents de presse de la Maison Blanche.

Je tiens à dire, comme je l'ai fait hier, que je suis sincèrement désolé pour les pertes de vies humaines survenues au début et à la fin de la tragédie de Waco.

J'espère sincèrement que les scènes horribles auxquelles ils ont assisté au cours des sept dernières semaines dissuaderont d'autres personnes tentées d'adhérer à des sectes et de s'associer à des gens comme David Koresh. Et j'espère vraiment que les situations difficiles auxquelles les agents fédéraux ont été confrontés à Waco et qu'ils seront sans doute amenés à affronter dans d'autres contextes à l'avenir seront un peu mieux gérées et mieux comprises grâce à ce que nous avons appris maintenant.

Selon ses propres termes, Clinton a lancé un avertissement et une menace à quiconque oserait rejoindre un groupe religieux qui serait une soi-disant secte. Pour Clinton et ses agents, une secte est un groupe qui ne fait partie d'aucune organisation religieuse traditionnelle.

> Toutes les grandes organisations religieuses ont été infiltrées et prises en charge par les Jésuites. Ils veulent que tout le monde reste dans les organisations principales afin qu'ils puissent être plus facilement endoctrinés. Toute personne en dehors des grandes églises sera plus difficile à endoctriner. Selon l'ancien prêtre jésuite Alberto Rivera, toutes les églises traditionnelles ont été prises en charge en 1980. Le Dr Rivera a expliqué que lorsqu'il a prêté le serment extrême des Jésuites, on lui a dit qu'un signe secret serait donné aux Jésuites du monde entier lorsque le mouvement œcuménique aurait réussi à anéantir le protestantisme, en préparation de la signature d'un concordat entre le Vatican et les États-Unis.
>
> Le signe devait se trouver lorsqu'un président des États-Unis prêtait serment face à un obélisque. Pour la première fois dans l'histoire des États-Unis, les cérémonies de prestation de serment ont été déplacées sur la façade ouest du Capitole, et le président Reagan a fait face au Washington Monument. Cela s'est passé le 20 janvier 1981. - Jack Chick, The Godfathers, Alberto Part Three, Chick Publications, page 26.

Waco était un avertissement de ne pas rejoindre une église indépendante où la vérité sur la papauté et l'antéchrist serait exposée.

Bill Clinton a déclaré que Waco n'était qu'un échauffement et que la confrontation avec des groupes religieux se reproduirait ! Cela ressemble-t-il aux paroles d'un homme qui défendrait les droits constitutionnels des citoyens américains ou à celles d'un jésuite qui exécute les plans de la papauté ? Rappelez-vous, lors du congrès secret de Chieri, il a été déclaré,

> Le protestantisme doit donc être totalement aboli... Les catholiques doivent être imprégnés de haine pour tous les hérétiques [Un hérétique est toute personne qui ne croit pas à la religion catholique, toute personne qui s'oppose au pape et toute personne qui croit que le pape est l'antichrist].... Nous devons porter des coups mortels à l'hérésie.... Ils sont loin de penser que les Jésuites leur réservent les bâillons et les flammes de la censure et qu'ils seront un jour leurs maîtres. - Hector Macpherson, The Jesuits in History, Ozark Book Publishers, Annexe I.

Bill Clinton était un jésuite, déterminé à mettre en œuvre le plan jésuite de Chieri. Le pape Jean-Paul II l'a dit très clairement.

> L'activité prosélyte des sectes et des nouveaux groupes religieux d'Amérique est une grave entrave à l'oeuvre d'évangélisation [ce qu'il veut dire, c'est qu'il existe des groupes religieux indépendants qui font obstacle à la volonté de la papauté de s'emparer du monde]... Le succès du prosélytisme des sectes et des nouveaux groupes religieux d'Amérique ne peut pas être ignoré. Il exige de l'Église du continent une étude approfondie, à réaliser dans chaque nation et au niveau international... Pour que la réponse au défi des sectes soit efficace, il faut une coordination appropriée des initiatives entre les diocèses, visant à une coopération plus efficace à travers des projets partagés qui produiront de meilleurs résultats. - Pape Jean-Paul II, Le défi des sectes, Exhortation, Article 73.

Tous ces nouveaux groupes religieux ont une chose en commun : ils croient tous que le système maléfique anti-christ de la prophétie biblique est la papauté.

Malachi Martin parle de ces groupes et déclare qu'ils

> sont destinées à subir une série de chocs et de mutations sévères en s'adaptant, bon gré mal gré, au nouveau mondialisme émanant de groupes plus puissants. Aucun d'entre eux ne pourra se maintenir dans un état de vitalité et de force progressive s'il ne permet pas - ou ne subit pas - l'élargissement de son provincialisme au-delà des limites qu'il a traditionnellement observées..... En tant que groupes, ils devront faire face à de terribles alternatives. Soit ils se mondialisent complètement et de manière réaliste... Ou bien, en tant que groupes, ils resteront en place, diminueront en nombre et en influence, et perdront finalement leur identité en tant qu'éléments opérationnels d'un nouvel ordre mondial. - Malachi Martin, The Keys of This Blood, Simon and Schuster, pp. 291, 292.

En d'autres termes, tous ceux qui suivent le plan des Jésuites pour le monde seront autorisés à vivre et ceux qui ne le font pas connaîtront Waco ! Waco était un avertissement que les Jésuites veulent ramener le monde à un autre âge des ténèbres dans lequel le monde entier devient l'esclave du pape. Si quelqu'un ne se soumet pas à la papauté, il sera traité comme les gens du Mont Carmel.

Voici une dernière réflexion. Si vous étiez le président des États-Unis ou le procureur général à l'époque du massacre de Waco et que vous ne vouliez pas empoisonner de jeunes enfants avec du gaz CS, auriez-vous le pouvoir de l'empêcher ? Bien sûr que oui. Il vous suffirait de décrocher le téléphone. Le fait que Bill Clinton et Janet Reno n'aient pas empêché cette atrocité prouve que c'était leur volonté que le massacre ait lieu.

Chapitre 10—La Destruction d'Oklahoma City

Des explosions ont détruit le bâtiment fédéral Alfred E. Murrah à Oklahoma City le 19 avril 1995. 168 Américains ont trouvé la mort, dont un certain nombre de jeunes enfants qui fréquentaient une crèche abritée dans le bâtiment. Le gouvernement des États-Unis a déclaré et maintient fermement que c'est une bombe à engrais, placée à l'intérieur d'un camion Ryder garé devant le bâtiment, qui a causé les dégâts. Nous avons vu dans les chapitres précédents que dans des situations tragiques comme celle-ci, ce que le gouvernement prétend s'être passé est totalement invraisemblable.

Benton K. Partin, général de brigade à la retraite et vétéran de 31 ans de l'armée de l'air américaine, est un expert de premier plan en matière d'explosifs. Il a été commandant du laboratoire de technologie de l'armement de l'armée de l'air et responsable du développement des munitions pour les forces armées. Il est reconnu comme un expert qui a joué un rôle majeur dans l'élaboration de nos systèmes d'armes modernes, guidés et de précision.

Le général Partin a effectué une analyse approfondie de l'attentat à la bombe contre le bâtiment Murrah. Dans son rapport, il déclare,

> Il est impossible que la destruction du bâtiment ait pu résulter d'une telle bombe seule.
>
> Pour provoquer les dommages qui ont affecté le bâtiment Murrah, il aurait fallu que des charges de démolition soient appliquées à plusieurs bases de colonnes de soutien, à des endroits inaccessibles depuis la rue, pour compléter les dommages causés par le camion piégé. En effet, un examen attentif des photographies montrant les bases de colonnes effondrées révèle un mode de défaillance produit par des charges de démolition et non par l'explosion du camion piégé...
>
> Le souffle dans l'air est un mécanisme de couplage d'énergie très inefficace contre des poutres et des colonnes en béton fortement armé...
>
> En revanche, les structures en béton fortement armé peuvent être détruites efficacement par la détonation d'explosifs au contact des poutres et des colonnes en béton armé... *Le bâtiment fédéral Murrah n'a pas été détruit par un seul camion piégé. Le principal facteur de sa destruction semble avoir été la détonation d'explosifs soigneusement placés à quatre points critiques sur des colonnes de soutien à l'intérieur du bâtiment.* La seule défaillance structurelle possible du béton armé uniquement attribuable au camion piégé a été le décapage des plafonds des premier et deuxième étages dans la zone de la "fosse" située derrière les colonnes B4 et By. Même cette défaillance peut avoir été causée

par une charge de démolition sur la colonne B3. - Benton K. Partin, Bomb Damage Analysis Of Alfred P. Murrah Federal Building, 30 juillet 1995, (soulignement fourni).

On voit donc qu'il était impossible que le camion piégé ait détruit le Murrah Building. D'autres bombes ont été placées stratégiquement au bas des colonnes structurelles pour causer les dommages qui ont été causés. Quelqu'un qui avait accès à l'immeuble Murrah, qui savait où se trouvaient les colonnes structurelles renforcées, qui avait accès aux plans de l'immeuble, a placé les bombes qui ont détruit l'immeuble.

Les journalistes présents sur les lieux peu après l'effondrement du bâtiment ont rapporté que les ouvriers étaient en train de retirer les bombes qui n'avaient pas explosé à l'intérieur du bâtiment.

Les bombes qui ont explosé n'ont pas explosé simultanément. Les explosions ont été enregistrées par deux sismomètres, l'un au musée Omniplex, à 4,34 miles au nord-est du bâtiment, et l'autre à l'université d'Oklahoma à Norman, à 16,25 miles au sud-est. Ces deux sismomètres ont enregistré deux explosions distinctes, rapprochées et d'intensité à peu près égale.

En outre, plusieurs témoins très crédibles ont déclaré avoir entendu des explosions distinctes. Peu après les explosions, les démineurs ont désamorcé une bombe non explosée à l'intérieur du bâtiment et travaillaient sur une deuxième bombe.

Un schéma se dessine ici. Lorsque le président Kennedy a été tué, on a déclaré qu'un tireur isolé, Lee Harvey Oswald, avait commis le crime. Comme nous l'avons vu au chapitre 8, de nombreux éléments prouvent qu'il y avait plusieurs tireurs. Lee Harvey Oswald a été condamné et beaucoup d'autres ont été libérés.

Lorsque le Murrah Building a explosé, on a déclaré qu'un homme était le principal responsable, Timothy McVeigh. Mais Benton Partin, expert militaire en explosifs, a démontré qu'il était impossible que le camion piégé ait fait les dégâts. D'autres ont eu accès aux plans du bâtiment et ont placé des explosifs autour des colonnes. Ils étaient plus coupables que McVeigh, mais ils ont été libérés. Qui sont les vrais responsables de la tragédie d'Oklahoma City ?

Lors d'une interview vidéo en direct, un chef adjoint des pompiers présent sur les lieux a déclaré que les démineurs se trouvaient dans l'immeuble Murrah à sept heures ce matin-là, soit deux heures avant l'attentat. Que faisaient-ils là deux heures avant l'attentat ?

Immédiatement après les explosions, le maire Ron Nordick, le Dr Randall Heather, le gouverneur Frank Keating et de nombreux présentateurs de journaux télévisés ont déclaré que le FBI et l'ATF avaient confirmé que des bombes explosives avaient été retirées du bâtiment. Or, la version officielle est qu'il s'agissait d'une bombe à engrais. Le gouverneur, le maire et les présentateurs des journaux télévisés ont-ils menti ou n'ont-ils tout simplement pas été informés à temps pour que tout le monde puisse se faire une idée précise de la situation ?

> Le Bureau des alcools, du tabac et des armes à feu avait des bureaux dans le bâtiment Murrah. Le jour de l'attentat, aucun des agents de l'ATF n'est venu travailler ce matin-là. Les agents de l'ATF qui avaient des enfants à la garderie n'ont pas déposé leurs enfants ce jour-là. Aucun agent de l'ATF ni aucun de ses enfants ne figurait sur la liste des victimes de l'attentat d'Oklahoma City. - Freedom Network News, juin/juillet 1996, pp. 5, 6.

C'est incroyable. Une agence gouvernementale américaine, qui avait des bureaux dans le bâtiment, ne s'est pas présentée au travail ce jour-là et n'a pas amené ses enfants à la garderie. Pensez-vous qu'ils savaient ce qui allait arriver au bâtiment ?

Lors d'une émission de radio, dix jours après l'attentat,

> [Mark Boswell a interrogé James Black, vétéran de la CIA depuis 28 ans, et son assistant Ron Jackson au sujet des déclarations sous serment qu'ils ont en leur possession et qui ont été faites par deux fonctionnaires du ministère de la Justice, selon lesquelles ils faisaient partie d'un "comité des 10" qui avait planifié l'attentat à la bombe d'Oklahoma. - Martin O. de Brook, Cherith Chronicle, mai-juillet 1995, page 5.

À la lumière de toutes les preuves, c'est la seule histoire qui tienne la route. Comme dans le cas de l'assassinat de Kennedy, il en va de même pour l'attentat d'Oklahoma City. Des agents de haut niveau du gouvernement américain, prétendant aimer l'Amérique et notre liberté, étaient au service d'un autre maître et poursuivaient ses objectifs. Comme nous le verrons, l'attentat d'Oklahoma City avait un but précis. Il est révoltant que tant de vies aient été perdues pour répondre à l'appel de la papauté !

Comme JFK, Waco et le World Trade Center, l'attentat à la bombe d'Oklahoma City soulève un grand nombre de questions qui appellent des réponses, mais aucune n'a été donnée. Considérons quelques-unes de ces questions.

1. Pourquoi le juge américain Wayne Alley, dont le bureau était situé dans le bâtiment fédéral, a-t-il été averti plusieurs semaines à l'avance, dans une note du ministère de la Justice, qu'il devait se préparer à un acte terroriste sans nom dirigé contre le bâtiment fédéral ?

2. Pourquoi le directeur de l'étude géologique de l'université d'Oklahoma, le Dr Charles Mankin, a-t-il déclaré aux médias que, selon deux enregistrements sismographiques différents, il y avait eu deux explosions ?

3. Pourquoi les informations concernant Benton K. Partin n'ont-elles pas été révélées au grand jour ?

4. Pourquoi l'administration Clinton a-t-elle accusé les émissions de radio de droite d'être à l'origine de l'incident, et pourquoi a-t-elle exigé l'adoption de la législation la plus draconienne jamais proposée aux États-Unis en matière d'État policier, si rapidement après les explosions ? Cette proposition de loi était si bien organisée qu'il était évident qu'elle avait été préparée bien avant la destruction du bâtiment.

5. Pourquoi le Congrès a-t-il été saisi d'une avalanche de projets de loi sur le terrorisme intérieur dans les jours qui ont suivi l'attentat ? Ces lois prévoient l'interdiction de pratiquement toutes les armes à feu détenues par des particuliers. Vous souvenez-vous de Waco ?

Juste avant l'attentat d'Oklahoma City, le Congrès a adopté des mesures restrictives de liberté qui ont été bloquées. Juste après l'attentat, elles ont été immédiatement adoptées.

> La loi Omnibus de 1995 sur la lutte contre le terrorisme a été lentement adoptée par le Congrès et a fait l'objet d'un débat animé sur la question de savoir si elle *violerait certaines libertés civiles fondamentales*, notamment le droit de confronter son accusateur.
>
> Aujourd'hui, après l'attentat d'Oklahoma City, il existe peu de paris législatifs plus sûrs à Washington. Les démocrates et les républicains ont publié jeudi des communiqués de presse appelant à l'adoption rapide du projet de loi. - Terror in the Heartland : Terrorism Bill Moves Very Fast, Orlando Sentinel, 21 avril 1995 (souligné par l'auteur).
>
> Le président Clinton a exhorté vendredi le Congrès à adopter rapidement sa législation antiterroriste et à éviter les "querelles politiques sans fin" sur les détails. Nous ne devons pas tergiverser ou retarder. Le Congrès doit agir, et agir rapidement". Son programme de lutte contre le terrorisme, doté d'un budget de 1,25 milliard d'euros, prévoit d'étendre les pouvoirs d'enquête et de répression des forces de l'ordre et de durcir les peines pour certains délits. Les républicains ont réagi favorablement aux propositions présentées par Mme Clinton mercredi, une semaine après l'attentat d'Oklahoma City. - Clinton Urges Swift Action on Anti-terrorism Legislation, Orlando Sentinel, 29 avril 1995.

L'objectif de l'attentat d'Oklahoma City était d'amener le Congrès à adopter la loi antiterroriste sans débat. Si un débat avait eu lieu, les questions des libertés constitutionnelles et de la création d'un État policier auraient été soulevées. Les Jésuites du Congrès préfèrent que l'État policier soit mis en place sans que le public s'en aperçoive, en créant un climat d'hystérie nationale à l'aide d'un attentat terroriste mis en scène. Le projet de loi a été adopté sans débat ni discussion.

L'une des lois dont l'adoption a été envisagée après l'attentat à la bombe d'Oklahoma City était la destruction grossière du premier amendement préconisée dans le projet de loi de Charles Schumer, HR 2580. Ce projet de loi prévoit une peine d'emprisonnement de cinq ans pour les personnes qui se livrent publiquement à des spéculations inconvenantes et qui publient ou transmettent par fil ou par voie électronique des théories conspirationnistes sans fondement concernant le gouvernement fédéral des États-Unis.

Nous avons vu qu'à la suite de l'attentat d'Oklahoma City, plusieurs lois restrictives de liberté ont été adoptées très rapidement par le Congrès. L'attentat a créé un climat de peur en Amérique. Dans ce contexte, les lois ont été adoptées avec peu de voix dissidentes. Au milieu de l'hystérie, les lois anticonstitutionnelles ont pu être adoptées rapidement. Les gens veulent le confort et la sécurité, et ils ne s'opposent pas à l'adoption de ces lois. Ces lois ont sérieusement érodé les libertés constitutionnelles qui ont été la pierre angulaire de la prospérité américaine pendant plus de 200 ans. Il est étonnant de constater la rapidité avec laquelle un Congrès habituellement lent et encombrant peut agir lorsque l'ordre du jour est tout tracé.

Un programme de conditionnement a été mis en place après l'attentat d'Oklahoma City. Combien de libertés les Américains sont-ils prêts à abandonner pour se sentir en sécurité ? Ne voyons-nous pas que les puissances qui dirigent notre gouvernement veulent détruire la Constitution ?

Les gens ne se rendent pas compte que le pouvoir gouvernemental est extrêmement dangereux. Tout au long de l'histoire, le pire ennemi des peuples a été leur propre gouvernement. Lorsque les libertés constitutionnelles ont disparu, rien ne peut empêcher le gouvernement de faire ce qu'il veut, et il en résulte une persécution gouvernementale mortelle.

> Pendant un certain temps encore, les Américains seront confrontés à des questions qui ne devraient pas les rapprocher de Jérusalem, de Belfast ou, au pire, de Manhattan. Que peuvent-ils faire pour rendre la vie plus sûre face aux attaques terroristes ? Et pour y parvenir, à quoi doivent-ils renoncer en termes de commodité, d'argent *et de libertés qu'ils considèrent comme acquises* ? - Time Magazine, 1er mai 1995, page 68, (souligné par l'auteur).

Les Américains ne se rendent pas compte qu'en renonçant à leurs libertés, ils n'augmentent pas leur sécurité, mais la diminuent. Ils s'exposent à un risque élevé de persécution de la part du gouvernement. Le gouvernement confisque déjà chaque année des centaines de milliers de dollars de biens personnels sans procès. La vie humaine n'est déjà plus considérée comme sacrée. Vous souvenez-vous de Waco ?

L'Amérique ne serait pas une cible aussi importante pour les terroristes si le gouvernement ne se rendait pas aussi odieux à l'égard de presque tous les pays du monde. Il y a cent ans, les peuples du monde aimaient les Américains et voulaient que les Américains visitent leurs pays. Ce n'est certainement plus le cas aujourd'hui.

> Le béton et l'acier peuvent aider. Mais la lutte contre le terrorisme à l'intérieur du pays soulève une question difficile : combien devons-nous dépenser en argent - et en *libertés civiles* ? - Newsweek, 1er mai 1995, page 56, (soulignement ajouté).

Dans cet article, Brent Scowcroft, ancien conseiller à la sécurité nationale, déclare : "C'est si facile à faire ; il faut si peu de personnes ; le matériel est si facilement disponible. Mais la contrer coûte très cher en dollars et, plus important encore, en libertés civiles".

Est-il clair que la terreur a été utilisée, et l'est encore, pour conditionner les Américains à renoncer à leurs libertés constitutionnelles ? Elle a été utilisée avec succès à Waco, à Oklahoma City et au World Trade Center. Ne se demande-t-on pas quelle sera la prochaine étape ?

Qui, dans les coulisses, dirige les politiciens "américains" pour détruire la liberté civile en Amérique ? Qui méprise et déteste nos libertés depuis plus de 200 ans ? Qui déteste tellement la liberté qu'il élimine les personnes qui se mettent en travers de son chemin comme des pions dans un jeu d'échecs ?

L'un des papes a déclaré,

> Les doctrines absurdes et erronées ou les délires en faveur de la liberté de conscience sont une erreur des plus pestilentielles - une peste, parmi toutes les autres, qu'il faut redouter le plus dans un État. - Pape Pie IX, Lettre encyclique, 15 août 1854.

La liberté de conscience est détestée par la papauté. La liberté de conscience est garantie UNIQUEMENT dans le premier amendement de la Constitution des États-Unis, la Déclaration des droits.

En 1864, dans sa lettre encyclique, Pie IX a jeté l'anathème sur "ceux qui affirment la liberté de conscience et de culte" (Pape Pie IX, Lettre encyclique, 8 décembre 1864). (Pape Pie IX, Lettre encyclique, 8 décembre 1864) Il dit que quiconque croit qu'une personne a droit à la liberté d'adorer Dieu selon les préceptes de sa propre conscience doit être anathématisé. Anathématiser quelqu'un, c'est le confiner à l'enfer, le considérer comme un hérétique digne de la damnation. Dans l'esprit de Pie, la Constitution doit brûler en enfer et tous ceux qui l'aiment doivent être brûlés également.

> La liberté de conscience est proclamée par les États-Unis comme un principe des plus sacrés, que tout citoyen doit défendre.... Mais la liberté de conscience est déclarée par tous les papes et les conciles de Rome comme une chose impie, impie et diabolique, que tout bon catholique doit abhorrer et détruire à tout prix. - Charles Chiniquy, Cinquante ans dans l'Église de Rome, Chick Publications, page 284.

Le journaliste de British Broadcasting, Avro Manhattan, a rapporté :

> Le Vatican a condamné la Déclaration d'indépendance en la qualifiant de "méchanceté"... et a qualifié la Constitution des États-Unis de "document satanique". - Avro Manhattan, The Dollar and the Vatican, Ozark Book Publishers, page 26.

Dans la préface du grand livre de Samuel B. Morse, il est écrit,

> L'auteur entreprend de montrer qu'*une conspiration contre les libertés de cette République est actuellement en pleine action, sous la* direction du rusé prince Metternich d'Autriche, qui, conscient de l'impossibilité d'effacer par la force des armes cet exemple gênant d'une grande nation libre, *tente d'atteindre son objectif par l'intermédiaire d'une armée de Jésuites.* - Samuel B. Morse, Foreign Conspiracy Against the United States, Crocker and Brewster, volume 1, p. 4, préface. (souligné par l'auteur)

Samuel B. Morse et l'homme qui a écrit la préface de son grand ouvrage ont compris que les Jésuites et la Sainte Alliance étaient déterminés à détruire les libertés de cette grande République des États-Unis d'Amérique.

Un ancien prêtre a écrit,

> Nous gouvernerons les États-Unis et les déposerons aux pieds du Vicaire de Jésus-Christ [le pape], afin qu'il mette fin à leur système d'éducation impie et à leurs *lois impies sur la liberté de conscience, qui sont une insulte à Dieu et à l'homme.* - Charles Chiniquy, Cinquante ans dans l'Église de Rome, Chick Publications, p. 282, (souligné par nous).

William Jefferson Clinton, qui a fréquenté l'université de Georgetown, le collège jésuite de Washington, a poussé le Congrès à adopter la loi antiterroriste qui devait constituer une attaque directe contre les libertés dont nous jouissons en tant qu'Américains. L'attentat à la bombe d'Oklahoma City a été planifié, exécuté et parfaitement connu des Jésuites, du gouvernement des États-Unis et du président. Les acteurs secrets derrière tout cela, qui veulent détruire les libertés de cette grande République depuis plus de 200 ans, sont les Jésuites de l'Église catholique romaine.

Ils ont voulu mettre fin aux lois qui garantissent nos libertés en tant que citoyens américains. Pour y parvenir, ils ont commis le plus grand attentat terroriste sur le sol américain, et dans l'histoire des États-Unis avant le World Trade Center, où ils ont récidivé.

D'autres attaques se produiront. Les libertés seront à nouveau attaquées et la liberté sera supprimée. Les Jésuites continueront à utiliser de nombreux politiciens soi-disant "américains", qui font partie intégrante de la conspiration de la papauté visant à démolir totalement la Constitution et cette grande République. Ils conditionnent l'Amérique et préparent le peuple à l'inévitable prise de pouvoir.

Chapitre 11—L'attentat Du World Trade Center

L'histoire de la destruction du World Trade Center le 11 septembre 2001 ne commence pas ce jour-là. Elle a commencé peu après la Première Guerre mondiale. Après la guerre, le jésuite Edward Mandell House et Woodrow Wilson ont créé la Société des Nations. Lorsque le sénateur américain Henry Cabot Lodge Sr. a exclu l'Amérique de la Société, les Jésuites ont été furieux. Cela ne devait plus jamais se reproduire. C'est ainsi qu'en 1921, sous l'influence de House, une organisation a été créée aux États-Unis, le Council on Foreign Relations (CFR).

Cette organisation attirait des personnes de pouvoir, de richesse et d'influence. Elle enrôlait des hommes politiques, des représentants des médias et de grands hommes d'affaires. Le but ultime du CFR était d'abolir toutes les frontières nationales et d'établir un système de gouvernement mondial unique. Le contre-amiral Chester Ward, membre du CFR pendant 16 ans, a déclaré :

> La clique la plus puissante de ces groupes élitistes a un objectif commun : elle veut provoquer l'abandon de la souveraineté et de l'indépendance nationale des États-Unis. - Barry Goldwater, With No Apologies, William Morrow and Company, page 278.

Les Jésuites ont toujours détesté l'Amérique et tout ce que ce pays représente, et ils travaillent sans relâche pour détruire ce pays.

Le principal objectif du CFR était la destruction de la souveraineté américaine et des libertés constitutionnelles. Pour ce faire, les partis républicain et démocrate devaient être contrôlés et une banque centrale devait être créée, la Federal Reserve Bank.

> L'arrivée d'un nouveau président s'accompagne d'une forte rotation du personnel, mais pas d'un changement de politique. Exemple : Pendant les années Nixon [républicain], Henry Kissinger, membre du CFR et protégé de Nelson Rockefeller, était chargé de la politique étrangère. Lorsque Jimmy Carter [un démocrate] a été élu, Kissinger a été remplacé par Zbigniew Brzezinski, membre du CFR et protégé de David Rockefeller. - Ibid. page 279.

Les Jésuites ont très bien réussi à réaliser les objectifs des congrès malins de la papauté à Vienne, Vérone et Chieri. Les Jésuites, avec l'aide de leur CFR, contrôlent les plus hauts échelons des sphères politiques, judiciaires, commerciales, bancaires, médiatiques et religieuses des États-Unis. Leurs plans se déroulent comme prévu.

N'ayant pas réussi à faire entrer l'Amérique dans la Société des Nations après la première guerre mondiale, ils ont créé le CFR, qui a immédiatement commencé à utiliser les écoles, les universités et les médias pour conditionner les Américains à accepter la deuxième tentative des Jésuites de créer un gouvernement mondial après la deuxième guerre mondiale. L'Amérique était alors tellement conditionnée qu'elle a accepté les Nations unies et y a adhéré.

Le CFR des Jésuites est extrêmement dangereux pour la pérennité de la République américaine. Quelques patriotes comme Chester Ward et le président Kennedy ont rejeté leurs plans malveillants et ont combattu leur programme. Kennedy a payé de sa vie sa désobéissance aux Jésuites. Dwight D. Eisenhower, Richard Nixon, Adlai Stevenson, Hubert Humphrey et George McGovern sont quelques-uns des anciens membres du CFR qui étaient soit des Jésuites, soit des pions des Jésuites pour exécuter leurs ordres. Parmi les membres actuels du CFR jésuite figurent Alan Greenspan, président de la Réserve fédérale, Newt Gingrich et Richard Gephardt, les présidents George Herbert Walker Bush et son fils George Walker Bush, le vice-président Dick Cheney, le secrétaire d'État Colin Powell, Sandra Day O'Connor, juge à la Cour suprême, Joseph Lieberman et John Chafee. (Chafee est l'homme qui a introduit des lois sur les armes à feu après Waco, vous vous souvenez ?) Bill Clinton, bien sûr, est membre du CFR.

Parmi les grandes entreprises contrôlées par les Jésuites/CFR, citons Ford Motor Company, Boeing Corporation, Pepsi-Cola, Heinz Co, Lockheed-Martin, Time Warner et Chevron. Dans les médias, NBC, CBS, N.Y. Times, Washington Post, Newsweek et Time ne sont que quelques exemples de médias dominés par les Jésuites. Toutes ces organisations promeuvent le plan des Jésuites pour détruire l'Amérique. Parmi les personnalités des médias qui promeuvent le plan des Jésuites, on trouve Tom Brokaw, Barbara Walters, David Brinkley, John Chancellor, Katharine Graham et Ted Koppel, tous membres du CFR.

John Swinton, chef de cabinet du New York Times, considéré comme le doyen de sa profession, a fait une confession des plus audacieuses. En 1953, lors d'une réunion du New York Press Club, il a déclaré,

> Il n'existe pas, à cette date de l'histoire du monde, en Amérique, de presse indépendante. Vous le savez et je le sais. Aucun d'entre vous n'ose écrire ses opinions honnêtes, et si vous le faisiez, vous savez d'avance qu'elles ne seraient jamais imprimées. Je suis payé chaque semaine pour ne pas publier mes opinions honnêtes dans le journal auquel je suis associé. D'autres d'entre vous reçoivent des salaires similaires pour des choses similaires, et ceux d'entre vous qui seraient assez stupides pour écrire des opinions honnêtes se retrouveraient à la rue à la recherche d'un autre emploi. Si j'autorisais mes opinions honnêtes à paraître dans un numéro de mon journal, dans les vingt-quatre heures qui suivraient, je n'aurais plus de travail. *L'activité des journalistes consiste à détruire la vérité, à mentir ouvertement, à pervertir, à vilipender, à se prosterner aux pieds de Mammon et à vendre son pays et sa race pour son pain quotidien. Vous le savez,*

et je le sais, et quelle folie que de porter un toast à une presse indépendante ? Nous sommes les outils et les vassaux des hommes riches dans les coulisses. Nous sommes les sauteurs, ils tirent les ficelles et nous dansons. Nos talents, nos possibilités et nos vies sont tous la propriété d'autres hommes. Nous sommes des prostituées intellectuelles. - Plusieurs contributeurs, A U.S. Police Action : Operation Vampire Killer, The American Citizens and Laumen Association, pp. 18,19, (souligné par l'auteur).

Swinton a si bien expliqué que les médias sont sous le contrôle des riches. Nous avons montré précédemment que les personnes les plus riches d'Amérique sont soit des Jésuites, soit sous leur contrôle. Les Jésuites nous disent, par le biais des journaux, des magazines et de tous les autres moyens de communication de masse, exactement ce qu'ils veulent que nous croyions. L'un de leurs plus grands efforts est de faire croire aux peuples du monde que le pape est le grand homme de paix, alors qu'en réalité, le pape et ses Jésuites travaillent constamment à établir le pape comme le dictateur suprême du monde, comme il l'était à l'époque de l'âge des ténèbres. Lorsqu'ils y parviendront, les horribles persécutions perpétrées par la papauté à l'époque des ténèbres réapparaîtront. Les Américains sont incités à renoncer à leurs libertés civiles constitutionnelles et à leur pays. Les tragédies dont nous sommes témoins aujourd'hui sont imputées aux terroristes, mais ces organisations terroristes ont été infiltrées et contrôlées par les Jésuites. Cela permet de dissimuler très efficacement les empreintes de la papauté dans ces tragédies.

Passons maintenant à la destruction du World Trade Center le 11 septembre 2001. La destruction totale du World Trade Center a entraîné la mort de milliers d'innocents. L'impact négatif sur l'Amérique et son économie a été dévastateur. De nombreuses entreprises ont été ruinées par les retombées.

Afin de se prémunir contre de futures attaques de ce type, le gouvernement des États-Unis a faiblement tenté de trouver les auteurs de cette atrocité en Afghanistan. Mais leur principal objectif dans cette guerre contre le terrorisme a été de supprimer ce qui reste des droits et des libertés des citoyens américains. Pour une raison inexpliquée, si les droits civils des citoyens américains sont supprimés, il ne devrait plus y avoir de terrorisme. Cet assaut contre les Américains vient de la Maison Blanche, du ministère de la Justice, du Congrès et des médias. Les membres du gouvernement ont prêté le serment solennel de défendre et d'obéir à la Constitution des États-Unis, mais leur serment s'est révélé être un gigantesque mensonge. Ils ignorent totalement et complètement la Constitution lorsqu'ils adoptent leur législation destructrice et leurs ordres exécutifs.

Depuis le début de sa présidence, George Bush promeut l'agenda des Jésuites. Deux mois après le début de sa présidence, entouré de cardinaux de Rome, le président a dédié un centre culturel à Washington, D.C., au plus grand ennemi que cette République ait jamais eu - le pape de Rome. Bush a déclaré qu'il allait appliquer les paroles et les enseignements du pape ici en Amérique.

> La meilleure façon d'honorer le pape Jean-Paul II, qui est vraiment l'un des grands hommes, est de prendre ses enseignements au sérieux, d'écouter ses paroles et de mettre ses paroles et ses enseignements en pratique ici en Amérique ! - Patricia Zapoa, Catholic News Service, 24 mars 2001.

Les paroles et les enseignements de Jean-Paul représentent le plan de destruction du protestantisme, de destruction de la Constitution des États-Unis et de restauration de son trône de monarque universel. Par ses propres paroles, nous voyons que George Bush exécute le plan des Jésuites pour détruire l'Amérique.

> En 1960, John Kennedy s'est rendu de Washington au Texas pour assurer aux prédicateurs protestants qu'il n'obéirait pas au pape. En 2001, George Bush est venu du Texas à Washington pour assurer à un groupe d'évêques catholiques qu'il obéirait au pape. - Washington Times, 16 avril 2001.

Qui prend les décisions à Washington, D.C. ? Si nous pensons que c'est le président des États-Unis, nous nous trompons.

> Le pape est le chef du monde. Tous les empereurs, tous les rois, tous les princes, tous les présidents du monde sont comme mes enfants de chœur. - Prêtre D. S. Phelan, Western Watchman, 27 juin 1912

Devrions-nous être surpris que Bush et ses compagnons d'autel encouragent le programme des Jésuites ? Devrions-nous être surpris de voir Bush émettre des ordres exécutifs qui détruisent les libertés constitutionnelles ? Devrions-nous être surpris de voir le Congrès adopter des lois qui détruisent les libertés constitutionnelles ?

Il s'agit d'une information alarmante. Les échelons les plus élevés du gouvernement des États-Unis, les échelons les plus élevés du monde des affaires et de la finance, et les échelons les plus élevés des écoles, des universités et des médias, prétendent tous être américains. Ils prétendent tous travailler à l'amélioration de l'Amérique. Ils prétendent tous œuvrer à la préservation de la Constitution. En réalité, ils sont sous le contrôle des Jésuites, les ennemis les plus implacables de cette République. Sous une façade patriotique et religieuse, ils mènent secrètement l'Amérique à la ruine. La tromperie est pratiquée par le plus sinistre des ennemis, les Jésuites de Rome.

> C'est là que se fait sentir le formidable pouvoir de l'Église. C'est par cette direction [les Jésuites] que les hommes d'État sont contraints d'agir, non pas dans l'intérêt du pays auquel ils appartiennent, mais dans l'intérêt de l'Église, qui les contrôle. - M. F. Cusack, The Black Pope, Marshall, Russell, and Co, p. 106.

Que s'est-il passé après la destruction du World Trade Center ? Le lendemain de la destruction du centre, l'Orlando Sentinel écrit,

> Les experts estiment toutefois qu'il reste beaucoup à faire. Et cela impliquera beaucoup plus de dépenses et de planification, le renforcement des installations clés et, peut-être, des impôts plus élevés et la renonciation à certaines *libertés personnelles*. - Tighter Security Means Less Freedom, Orlando Sentinel, mercredi 12 septembre, (souligné par l'auteur).
>
> Alors que les États-Unis sont confrontés à une nouvelle guerre contre des ennemis incertains et cachés, la tentation de *sacrifier notre liberté* dans l'espoir de nous protéger est puissante.
>
> Le danger est que nous ne soyons plus ni en sécurité ni en liberté.
>
> Les *protections constitutionnelles de la liberté d'expression et de la vie privée* auxquelles les Américains attachent tant d'importance reflètent un équilibre entre la liberté individuelle et la sécurité de l'État. L'histoire nous apprend que la manière dont ces lignes sont tracées est directement influencée par les menaces perçues pour la sécurité de notre pays....
>
> Nous sommes confrontés à de réelles menaces pour la sécurité nationale. Le défi consiste à répondre à ces menaces sans mettre en péril notre *caractère constitutionnel ou saper la liberté* qui est la source de notre pouvoir. - USA Today, jeudi 13 septembre 2001 (souligné par l'auteur).
>
> Liberté ou sécurité ? Les mesures antiterroristes peuvent entraîner la *perte de certaines libertés individuelles*. - Orlando Sentinel, mercredi 12 septembre, (accentuation fournie).

Dans le forum des lecteurs du Orlando Sentinel du 12 septembre, la question suivante a été posée : "À quelles libertés personnelles renonceriez-vous pour lutter contre le terrorisme ?" Le lendemain, une personne a écrit : "Je n'ai aucun problème à renoncer à quelque chose pour mon plus grand bien et celui de mes frères et sœurs". Cette personne ne se rend pas compte que lorsque le gouvernement usurpe de plus en plus de pouvoir, la liberté et la sécurité diminuent en proportion directe. Cette personne ne se rend pas compte que lorsque le gouvernement détient tous les pouvoirs, personne n'est en sécurité et qu'il en résulte des persécutions sanglantes. Vous souvenez-vous de Waco ?

L'objectif principal de la tragédie du World Trade Center était d'amener les citoyens américains à renoncer à leurs libertés. L'attaque du World Trade Center était nécessaire parce que l'attentat à la bombe d'Oklahoma n'avait pas suffisamment paniqué le peuple américain pour qu'il adopte davantage de lois dites "antiterroristes".

> Virginia Sloan a compris que si les terroristes voulaient s'en prendre aux libertés américaines, ils en étaient arrivés là...
>
> Les défenseurs des libertés civiles s'attendent à une recrudescence des appels en faveur d'une carte d'identité nationale....

> Cela implique de stocker toutes les données faciales collectées, ce qui, selon les défenseurs des libertés civiles, permettrait au gouvernement de suivre n'importe quel individu à la trace. Si des systèmes étaient installés dans toute une ville, vous pourriez être "contrôlé" par une caméra lorsque vous montez dans un train, lorsque vous vous arrêtez à un distributeur de billets et que vous entrez dans un magasin, ou sur votre lieu de travail. - Time Magazine, 24 septembre 2001.

L'un des aspects les plus effrayants de la reconnaissance faciale est qu'elle est notoirement peu fiable. Vous pouvez être identifié comme un terroriste parce que la machine s'est trompée.

> Certains des plus ardents défenseurs des droits individuels, notamment l'Union américaine pour les libertés civiles, sont restés jusqu'à présent silencieux sur la question. La semaine dernière, l'organisation a interdit à ses représentants de spéculer publiquement sur les retombées possibles de la tragédie de mardi. Au lieu de cela, l'ACLU a publié une brève déclaration exhortant "nos dirigeants à continuer à défendre les principes de liberté chers à la nation alors qu'ils poursuivent les responsables de cette attaque dévastatrice sur le sol américain".
>
> En privé, les libertariens s'inquiètent de ce que la ruée vers une sécurité accrue bafoue les libertés les plus chères. Ils soulignent que certaines des propositions qui circulent ont déjà été examinées et rejetées par le gouvernement à la suite de l'attentat à la bombe d'Oklahoma City.... en 1995.
>
> Un sondage réalisé en avril 1995 par le Los Angeles Times immédiatement après l'attentat a révélé que 49 % des personnes interrogées pensaient qu'il serait "nécessaire pour le citoyen moyen de renoncer à certaines libertés civiles". 43 % n'étaient pas d'accord. Un autre sondage [...] réalisé 11 mois plus tard a révélé que seulement 30 % des personnes interrogées pensaient encore que les libertés civiles devraient être sacrifiées et que 65 % d'entre elles estimaient que ce n'était pas nécessaire. - Orlando Sentinel, 13 septembre 2001.

Il y a eu une avalanche d'articles de presse et de déclarations suggérant l'abandon de certaines libertés civiles, comme l'exige l'agenda des Jésuites. Le 26 octobre 2001, George Bush a signé le mal nommé USA Patriot Act of 2001, proposé cinq jours après la tragédie. Six semaines seulement après la destruction du World Trade Center, cette loi a été adoptée. C'est vraiment incroyable. Il est pratiquement impossible qu'une loi soit conçue, rédigée, débattue et adoptée aussi rapidement. En fait, le projet de loi avait déjà été rédigé avant que la tragédie ne se produise.

> Le projet de loi renforce la capacité des autorités fédérales à mettre des téléphones sur écoute, à partager des informations de renseignement, à suivre l'utilisation d'Internet, des courriers électroniques et des téléphones portables, et à protéger les frontières des États-Unis. - Bush Signs Sweeping New Laws to Combat Terrorism, Reuters News Service, 26 octobre 2001.

Laura Murphy, de l'Union américaine pour les libertés civiles, a déclaré dans cet article : "Nous ne pouvons pas, en tant que nation, permettre qu'une inquiétude publique très légitime immunise l'administration et le Congrès de leur obligation de protéger la Déclaration des droits et les valeurs fondamentales que ce document incarne." Au nom de la lutte contre le terrorisme, le gouvernement supprime les libertés constitutionnelles aussi vite qu'il le peut. Cela conduira à de terribles persécutions aux États-Unis, qui seront bien pires que les tragédies physiques elles-mêmes.

> Les législateurs mécontents de certaines mesures antiterroristes prises par l'administration interrogeront le ministre de la Justice, John Ashcroft, à ce sujet.
>
> [Certains membres du Congrès] affirment que les actions de l'administration sont allées trop loin dans la *violation des libertés civiles.* - USA Today, 26 novembre 2001, (accentuation fournie).

Dans le même journal, le même jour, il y a un dessin animé de deux enfants qui décorent un arbre de Noël. L'un d'eux chante : "Il te voit quand tu dors, il sait quand tu es éveillé, il sait si tu as été mauvais ou bon...." L'autre enfant dit : "Assez parlé du procureur général Ashcroft !".

En Amérique, au cours des huit dernières années, trois terribles tragédies se sont produites : Waco, Oklahoma City et le World Trade Center. Dans tous les cas, la solution du gouvernement aux problèmes a consisté à accroître considérablement le pouvoir du gouvernement et à perdre les libertés constitutionnelles. Au cours de cette courte période de huit ans, nous avons été les témoins d'une grave atteinte à la Constitution, le plus grand document jamais créé par l'homme. Une guerre insidieuse fait rage contre la liberté constitutionnelle en Amérique. Au lendemain de la destruction du World Trade Center, cette question a certainement été au centre des préoccupations des hommes politiques et des médias. Prétendant être des Américains loyaux, les agents des Jésuites au Congrès et dans les médias ont mis en œuvre leur plan de destruction de l'Amérique sans presque aucune opposition.

N'oubliez pas que les Jésuites sont totalement opposés à la Constitution américaine et à tout ce qu'elle représente. Charles Chiniquy dit,

> Bien avant d'être ordonné prêtre, je savais que mon église était l'ennemi le plus implacable de cette république. Mes professeurs... avaient été unanimes à me dire que les principes et les lois de l'Église de Rome étaient absolument antagonistes des principes qui sont les pierres angulaires de la Constitution des États-Unis d'Amérique. - Charles Chiniquy, Cinquante ans dans l'Église de Rome, Chick Publications, p. 283.

Regardez attentivement Chiniquy comparer les distinctions entre les deux.

> 1er. Le principe le plus sacré de la Constitution des États-Unis est l'égalité de tous les citoyens devant la loi. Mais le principe fondamental de l'Église de Rome est la négation de cette égalité.
>
> 2ème. La liberté de conscience est proclamée par les États-Unis, principe très sacré que tout citoyen doit défendre, même au prix de son sang. Mais la liberté de conscience

est proclamée par tous les papes et les conciles de Rome, une chose impie, impie et diabolique, que tout bon catholique doit abhorrer et détruire à tout prix.

3ème. La Constitution américaine assure l'indépendance absolue du pouvoir civil par rapport au pouvoir ecclésiastique ; mais l'Église de Rome déclare que cette indépendance est une impiété et une révolte contre Dieu.

4e. La Constitution américaine laisse chaque homme libre de servir Dieu selon les exigences de sa conscience ; mais l'Église de Rome déclare qu'aucun homme n'a jamais eu ce droit et que le pape seul peut savoir et dire ce que l'homme doit croire et faire.

5ème. La Constitution des États-Unis nie le droit de quiconque de punir un autre pour avoir différé de lui en matière de religion ; mais l'Église de Rome affirme qu'elle a le droit de punir par la confiscation de leurs biens, ou par la peine de mort, ceux qui diffèrent du pape en matière de foi.

6e. Les États-Unis ont établi des écoles sur tout leur immense territoire, où ils invitent les peuples à envoyer leurs enfants, afin qu'ils cultivent leur intelligence et deviennent de bons et utiles citoyens. Mais l'Église de Rome a publiquement maudit toutes ces écoles et interdit à leurs enfants de les fréquenter, sous peine d'excommunication dans ce monde et de damnation dans l'autre.

7ème. La Constitution des États-Unis repose sur le principe selon lequel le peuple est la source première de tout pouvoir civil. Mais l'Église de Rome a proclamé des centaines de fois que ce principe était impie et hérétique. Elle affirme que tout gouvernement doit reposer sur le fondement de la foi catholique, le pape étant la source légitime et infaillible et l'interprète de la loi. - Ibid. p. 284.

Nous avons vu que le président des États-Unis a déclaré dans le Washington Times qu'il allait obéir au pape. Si c'est le cas, il doit détruire la Constitution. Après la destruction du World Trade Center, Bush a apparemment suivi à la lettre l'agenda du pape.

Rien n'est plus clair que si les principes de l'Église de Rome prévalent ici, notre Constitution tombera. Les deux ne peuvent exister ensemble. Ils sont en antagonisme ouvert et direct avec la théorie fondamentale de notre gouvernement et de tout gouvernement populaire partout dans le monde. - Richard Thompson, The Papacy and the Civil Power, cité dans Fifty Years in the Church of Rome, p. 285.

Si les catholiques obtiennent un jour une majorité numérique suffisante dans ce pays, la liberté religieuse est terminée. - The Shepherd of the Valley, journal officiel de l'évêque de Saint-Louis, 23 novembre 1851.

La destruction du World Trade Center et celle du bâtiment Murrah à Oklahoma City ont été planifiées dans le but précis de semer la terreur en Amérique afin que les Américains, effrayés, renoncent à leurs libertés constitutionnelles. Le plan des Jésuites fonctionne à merveille. Avec les politiciens, les écoles et les universités, les médias et les grandes entreprises entre leurs mains, l'Amérique est rapidement vaincue par l'ennemi intérieur.

Alors que les troupes américaines se préparaient à combattre une faction musulmane extrémiste en Afghanistan, USA Today citait le président qui déclarait : "son administration se prépare à une croisade contre le terrorisme". (USA Today, 17 septembre 2001.)

Une croisade ? Les croisades étaient des guerres saintes catholiques menées pendant l'âge des ténèbres contre les hordes musulmanes qui refusaient de céder Jérusalem au pape. Qu'entend George Bush par croisade ? Dans sa série sur les croisades, Alberto Rivera, un ancien prêtre jésuite, a clairement expliqué que le Vatican avait créé l'islam pour détruire les chrétiens et les juifs, protéger les catholiques romains et s'emparer de Jérusalem pour le pape. C'est ce que l'islam a fait pendant les quelques centaines d'années de son existence. Lorsque le moment est venu pour les puissants généraux des armées islamiques de remettre Jérusalem au pape, ceux-ci, conscients de leur pouvoir, ont refusé de la céder. C'est ainsi que la papauté a créé les croisades pour chasser les forces islamiques de Jérusalem et y établir le trône du pape.

Pourquoi une croisade maintenant ? Pourquoi l'Amérique et les factions islamiques extrémistes se battent-elles ? Il y a trois choses que les Jésuites souhaitent accomplir dans cette situation. Comme nous l'avons vu, la Constitution est une épine dans leur pied depuis des centaines d'années ; ils veulent la détruire complètement. En continuant à semer la terreur en Amérique, les Jésuites atteindront un jour leur but ultime. Ils veulent aussi se venger des extrémistes islamiques qui leur ont désobéi en ne donnant pas Jérusalem au pape quand il le voulait. Enfin, la guerre se poursuivra au Moyen-Orient jusqu'à ce que les multitudes fatiguées du monde réclament une solution pacifique au conflit. À ce moment-là, devinez qui sera considéré comme le seul artisan de la paix dont la présence à Jérusalem apporterait la paix tant convoitée ? Le fait de placer le pape à la tête de cette région troublée apparaîtra comme la seule réponse parce que la presse et les médias contrôlés auront conditionné tout le monde à cette idée. Le pape régnera donc à Jérusalem, mission accomplie.

Prenons l'exemple d'Oussama ben Laden. Ben Laden a été aidé par l'Amérique pendant le conflit afghan et soviétique des années 1980 et s'est battu aux côtés de l'Amérique pendant le conflit des Balkans à la fin des années 1990. Des informations accablantes révèlent les liens commerciaux de Ben Laden avec la famille Bush, et il a été en contact avec la CIA jusqu'en juillet 2000. Oussama ben Laden est une taupe, tout comme Lee Harvey Oswald et Timothy McVeigh étaient des taupes. Il est utilisé comme bouc émissaire afin d'éloigner la responsabilité de ceux à qui elle appartient réellement, les Jésuites de la papauté.

Milt Bearden, ancien directeur des opérations de la CIA en Afghanistan et conseiller de Ben Laden en matière de renseignement, a été interviewé par Dan Rather le 12 septembre 2001. Rather voulait que Bearden déclare que Ben Laden était responsable de la catastrophe du World Trade Center. Bearden a déclaré : "S'ils n'avaient pas d'Oussama ben Laden, ils en inventeraient un."

Récemment, Rick Wiles, conférencier pour l'American Freedom News, a interviewé le Dr Koryagina, conseillère économique de Vladimir Poutine, dirigeant de la Russie. Dans cette interview, elle a parlé des sociétés secrètes, des organisations criminelles et religieuses qui contrôlent le monde. Elle a également déclaré qu'il existe un gouvernement de l'ombre qui cherche à faire tomber les États-Unis et à instaurer un gouvernement mondial. Elle a averti à Moscou, en juillet 2001, que les États-Unis seraient attaqués. Elle a déclaré que lorsque le peuple américain se réveillera pour comprendre ce qui lui arrive et qui l'a fait, il sera en état de choc. "Tout le monde connaît le crime organisé et la mafia. Les gens connaissent aussi depuis longtemps les sociétés secrètes, etc. Au cours de mes recherches, j'ai commencé à remarquer que ces structures pouvaient être assemblées et réunies. Et je me suis rendu compte qu'à l'heure actuelle, nous avons un monstre criminel, un hybride de crime organisé, de mafia et de sociétés secrètes qui ont fusionné". (diffusé le 6 décembre 2001)

Allons-nous écouter les paroles de ce célèbre économiste russe ? Les sociétés secrètes rassemblent toutes ces agences pour créer un gouvernement mondial unique. Lorsque l'Amérique s'en rendra compte, elle sera en état de choc. Le Dr Koryagina a tout dit, sauf le nom de la société secrète qui mène la danse et qui a orchestré la destruction du World Trade Center. Il s'agit des Jésuites de Rome.

Chapitre 12—Le Terrorisme Religieux En Amérique

Où va l'agenda des Jésuites pour l'Amérique et le monde ? Depuis plus de 200 ans, l'objectif est la destruction complète de la Constitution des États-Unis. Cela signifierait la disparition totale et l'anéantissement des précieuses libertés garanties par ce document. Le droit à la liberté d'expression, à la liberté de la presse, à la liberté de religion ou au droit d'adorer Dieu selon les préceptes de sa propre conscience, le droit de porter des armes, le droit à un procès équitable et le droit à la protection de la vie privée seraient tous éliminés. Ces dernières années, nous avons assisté à une véritable guerre contre la Constitution et la liberté.

Dans le domaine religieux, l'objectif des Jésuites est de faire disparaître toute trace de protestantisme et d'autres religions, et de restaurer la domination mondiale du pape. Ensuite, nous déterminerons si les Jésuites parviendront à atteindre leurs sinistres objectifs.

La seule source fiable d'information sur les événements futurs est la prophétie de Dieu. La Bible a prédit un événement après l'autre tout au long de l'histoire, et les événements se sont produits exactement comme la Bible l'avait annoncé. Avec la même précision infaillible, la Bible prédit les événements futurs, et elle montre les résultats qui se produiront à la suite de la conspiration des Jésuites pour dominer le monde.

Le chapitre de la Bible qui révèle les résultats de la trahison des Jésuites est Apocalypse 13. Deux bêtes sont mentionnées dans ce chapitre ; la première monte de la mer au verset 1 et la seconde monte de la terre au verset 11. Remarquez la lecture de ces versets :

> Je me tins sur le sable de la mer, et je vis monter de la mer une bête.... - Apocalypse 13:1.

> Et je vis une autre bête monter de la terre.... - Apocalypse 13:11.

Pour comprendre ces versets, il faut déterminer ce que représente une bête dans la prophétie biblique, et ce que représentent la mer et la terre. Regardez comment la Bible s'interprète elle-même.

Le livre de Daniel montre qu'une bête représente un royaume ou, comme nous le dirions aujourd'hui, une nation ou un pays.

> Ces quatre grands animaux sont quatre rois qui s'élèveront de la terre.... Il dit : La quatrième bête sera le quatrième royaume sur la terre, qui sera différent de tous les royaumes..... - Daniel 7:17,23.

Ainsi, nous voyons qu'Apocalypse 13 traite de deux puissances qui ont pris de l'importance dans le monde. Ces deux puissances ont leur origine dans des régions différentes du monde, l'une sortant de la mer et l'autre de la terre.

Ensuite, nous découvrons ce que l'eau représente dans la prophétie biblique.

> Et il me dit : Les eaux que tu as vues, où la prostituée est assise, ce sont des peuples, des foules, des nations et des langues. - Apocalypse 17:15.

Nous voyons ici que la première puissance d'Apocalypse 13 a pris naissance dans une région très peuplée du monde, au milieu des nations existantes. Cela suggère que la première puissance est apparue dans la région peuplée de l'Europe. La deuxième puissance mondiale d'Apocalypse 13:11 monte de la terre, ce qui signifie qu'elle a surgi dans une région du monde où il y avait peu d'habitants. Cela suggère que la deuxième puissance est apparue dans l'hémisphère occidental, où la densité de population était très faible.

Voici plus d'informations sur la première bête.

> ... ayant sept têtes et dix cornes, et sur ses cornes dix diadèmes, et sur ses têtes le nom de blasphème. La bête que je vis était semblable à un léopard, ses pieds à ceux d'un ours, et sa bouche à celle d'un lion. Le dragon lui donna sa puissance, son trône et une grande autorité. - Apocalypse 13:1,2.

Il y a aussi plus d'informations sur la deuxième bête.

> Je vis monter de la terre une autre bête, qui avait deux cornes semblables à celles d'un agneau, et qui parlait comme un dragon. - Apocalypse 13:11.

Examinons le sens des mots blasphème, dragon et agneau dans ces versets. La première puissance commet un blasphème, et c'est le dragon qui lui a donné son existence et son autorité.

Marc explique l'une des significations du blasphème.

> Jésus, voyant leur foi, dit au paralytique : Mon enfant, tes péchés te sont pardonnés. Quelques scribes, assis là, raisonnaient dans leur coeur : Pourquoi cet homme profère-t-il ainsi des blasphèmes ? Qui peut pardonner les péchés, si ce n'est Dieu seul ? Marc 2:5-7.

En tant que Fils de Dieu, le Christ avait le pouvoir de pardonner les péchés, et il a toujours ce pouvoir aujourd'hui. Si un simple homme prétend pouvoir pardonner les péchés, c'est un blasphème. Les Juifs, qui refusaient de reconnaître Jésus comme le Fils de Dieu, déclaraient qu'il avait commis un blasphème parce qu'ils estimaient qu'il n'était qu'un homme. Cette première puissance d'Apocalypse 13 commet un blasphème en prétendant pouvoir pardonner les péchés.

Voici l'autre sens du mot blasphème.

> Les Juifs lui répondirent : Ce n'est pas pour une bonne oeuvre que nous te lapidons, mais pour un blasphème, parce que tu te fais Dieu, toi qui es un homme. - Jean 10:33

Le Christ était Dieu en chair humaine, mais les Juifs ne le reconnaissaient pas. Ainsi, lorsque le Christ a prétendu être un avec son Père, les Juifs ont déclaré qu'il avait commis un blasphème. Ainsi, lorsqu'un homme prétend être Dieu sur terre, il s'agit d'un blasphème, et la première puissance de l'Apocalypse prétend être Dieu.

Pouvez-vous imaginer une puissance qui s'élève dans l'espace européen, qui prétend pouvoir pardonner les péchés et qui prétend être Dieu ? Le confessionnal de l'Église catholique est connu dans le monde entier comme l'endroit où les gens se rendent pour se faire pardonner leurs péchés par un prêtre. Les crimes les plus odieux et les actes les plus horribles ont résulté du fait qu'un individu a confié ses pensées les plus intimes à un autre être humain. La Bible dit : "Car il y a un seul Dieu et un seul médiateur entre Dieu et les hommes, le Christ Jésus" (1 Timothée 2:5). Un prêtre catholique n'a pas plus la capacité de pardonner les péchés que votre chien de compagnie !

Considérons ensuite certaines des déclarations de la papauté selon lesquelles le pape est un dieu sur terre.

> Le Pape est d'une dignité si grande et si élevée qu'il n'est pas un simple homme, mais pour ainsi dire Dieu et le Vicaire de Dieu. Le Pape est d'une dignité si haute et si suprême que, à proprement parler, il n'a été établi dans aucun rang de dignité, mais qu'il a été placé au sommet même de tous les rangs de dignités.... Il est également le monarque divin, l'empereur suprême et le roi des rois. C'est pourquoi le pape est couronné d'une triple couronne, en tant que roi du ciel, de la terre et des régions inférieures. - Lucius Ferraris, Prompta Bibliotheca, volume 6, pp. 438, 442.

> Car tu es le berger, tu es le médecin, tu es le cultivateur ; enfin, tu es un autre Dieu sur la terre. - Oraison de Christophe Marcellus lors du cinquième concile du Latran, 4e session. J. D. Mansi, Sacrorum Conciliorum...Collectio, volume 32, col. 761, traduit.

> Le pape est le juge suprême de la loi de la terre.... Il est le vice-gérant du Christ, qui n'est pas seulement prêtre pour toujours, mais aussi roi des rois et seigneur des seigneurs. - La Civilta Cattolica, 18 mars 1871, cité dans Leonard Woolsey Bacon, An Inside View of the Vatican Council, American Tract Society, p. 229.

Examinons quelques-uns des noms appliqués au Christ dans les Écritures et voyons s'ils pourraient s'appliquer au pape : Dieu tout-puissant, Créateur, Sauveur, Christ, Seigneur, Très Saint, Roi des rois et Révérend. Quoi de plus blasphématoire que de voir un homme revendiquer l'un de ces titres ? "Il ouvrit la bouche pour blasphémer contre Dieu...." (Apocalypse 13:6).

Les citations ci-dessus sont un véritable blasphème. Le pouvoir catholique romain est la première bête d'Apocalypse 13. Apocalypse 13:2 nous dit que "le dragon lui donna sa puissance, son trône et une grande autorité". Qui est le dragon qui donne à la papauté son pouvoir et son autorité ?

La Bible nous dit que le dragon est Satan, le diable.

> Et il fut précipité, le grand dragon, le serpent ancien, appelé le diable et Satan, celui qui séduit toute la terre ; il fut précipité sur la terre, et ses anges furent précipités avec lui. - Apocalypse 12:9

C'est le diable lui-même qui a donné à la papauté son pouvoir, son trône et sa grande autorité. Le diable dirige la papauté. C'est le diable qui la conduit à détruire la liberté sur la terre. C'est le diable qui cherche à obtenir l'hommage des multitudes grouillantes de la terre en les faisant se prosterner devant le pontife de Rome. Le type de gouvernement brutal que la papauté a dirigé pendant l'âge des ténèbres est le type de gouvernement que le diable et la papauté promeuvent sur la terre aujourd'hui. Un gouvernement satanique présente les caractéristiques suivantes :

1. Il est contrôlé par quelques-uns ; il est dictatorial.

2. Il n'accorde aucune liberté à ses citoyens.

3. Il unit l'Église et le gouvernement.

4. Elle persécute tous ceux qui ne s'y conforment pas.

Que la papauté soit la première puissance d'Apocalypse 13 ne fait aucun doute. Mais qui est la deuxième puissance d'Apocalypse 13 ? Nous savons qu'elle s'élève dans l'hémisphère occidental et qu'elle "avait deux cornes comme un agneau, et elle parlait comme un dragon" (verset 11). Ce verset indique que le gouvernement a commencé par ressembler à un agneau, épris de liberté et de justice, mais qu'il finit par ressembler à un gouvernement papal ou satanique.

La Bible nous dit que le Christ est l'Agneau.

> Le lendemain, Jean vit Jésus venir à lui, et il dit : Voici l'Agneau de Dieu, qui ôte le péché du monde. - Jean 1:29.

> Et regardant Jésus qui marchait, il dit : Voici l'Agneau de Dieu. - Jean 1:36.

Le Christ est l'agneau de la prophétie biblique. La deuxième puissance d'Apocalypse 13, qui s'élève dans l'hémisphère occidental, commence par avoir un gouvernement semblable à celui du Christ, mais finit par agir comme le dragon (Satan). Elle commence à l'opposé de la papauté et finit par lui ressembler. Puisqu'un gouvernement christique est à l'opposé d'un gouvernement satanique, alors la deuxième puissance devrait avoir ces caractéristiques à son début :

1. C'est un gouvernement du peuple, par le peuple et pour le peuple.

2. Elle garantit certains droits et libertés inaliénables, comme la liberté d'expression, la liberté de religion, etc.

3. Elle maintient la séparation entre l'Église et le gouvernement.

4. Elle défend son peuple contre la tyrannie politique et surtout religieuse.

La deuxième puissance d'Apocalypse 13 qui présente ces caractéristiques ne pourrait être autre que les États-Unis d'Amérique. Elle seule s'est levée dans l'hémisphère occidental et a commencé avec un gouvernement d'agneau. Comme nous l'avons clairement vu tout au long de ce livre, les Jésuites seraient utilisés pour détruire ce gouvernement d'agneau et le rendre papal - diabolique. Apocalypse 13 a prédit il y a 2000 ans que les Jésuites réussiraient, car le verset 11 dit que l'Amérique commencerait avec un gouvernement d'agneau, mais qu'un jour elle "parlerait comme un dragon". L'infiltration des Jésuites à tous les niveaux et dans tous les départements du gouvernement des États-Unis est la raison pour laquelle ce pays devient une puissance tyrannique et persécutrice. L'Amérique parle et se comporte chaque jour davantage comme Satan.

Apocalypse 13 révèle l'ascension de la papauté et des États-Unis. Il dépeint les caractéristiques du gouvernement américain au début et prédit la prise de pouvoir finale par les Jésuites. Il nous montre également le pouvoir dictatorial de la papauté avant la grande Réforme protestante.

> Ils adorèrent le dragon, qui donnait du pouvoir à la bête, et ils adorèrent la bête, en disant : Qui est semblable à la bête, qui peut lui faire la guerre ? - Apocalypse 13:4

Pendant l'âge des ténèbres, le monde se prosternait aux pieds du pontife romain. Avec l'avènement de Martin Luther et de la Réforme protestante, la Bible a été donnée au peuple dans sa propre langue comme seule règle de foi et de pratique. La Bible seule était le cri des réformateurs. Au fil du temps, des milliers de personnes ont accepté les enseignements de la Bible.

Il révèle également une époque où l'adoration du pape sera à nouveau exigée du monde entier sous peine de mort, et où les États-Unis seront la puissance qui poussera le monde à se soumettre à la papauté.

> Elle exerça devant elle toute la puissance de la première bête, et elle amena la terre et ses habitants à adorer la première bête, dont la blessure mortelle avait été guérie.
>
> Elle avait le pouvoir d'animer l'image de la bête, afin que l'image de la bête parlât, et qu'elle fît mourir tous ceux qui n'adoreraient pas l'image de la bête. - Apocalypse 13:12,15.

Comment le monde vénérera-t-il la papauté ? Quelle marque révèle l'autorité papale sur la terre ? Nous devons trouver comment les Écritures définissent l'adoration. La façon dont nous comprenons et répondons à cette définition déterminera notre destinée, comme le montre le verset suivant.

> Le troisième ange les suivit, en disant d'une voix forte : Si quelqu'un adore la bête et son image, et reçoit la marque sur son front ou sur sa main, il boira du vin de la colère de Dieu, versé sans mélange dans la coupe de sa fureur, et il sera tourmenté dans le feu et le soufre, devant les saints anges et devant l'agneau : - Apocalypse 14:9,10.

Il s'agit de l'avertissement le plus sévère de Dieu dans toute la Bible. Les versets suivants nous montreront la distinction entre la véritable adoration de Dieu et la fausse adoration.

> C'est en vain qu'ils m'adorent, en enseignant des doctrines qui sont des commandements d'hommes. Car, rejetant le commandement de Dieu, vous retenez la tradition des hommes.... Et il leur dit : Vous rejetez parfaitement le commandement de Dieu, pour garder votre propre tradition. - Marc 7:7-9.

Les Juifs ont reçu les dix commandements dans l'Exode 20:2-17. Au fil des siècles, les Juifs ont corrompu les commandements par de nombreuses traditions qui ont confondu l'autorité des dix commandements. C'est ce que le Christ a condamné sans ambages. Il a déclaré que lorsque les dix commandements sont mis de côté et que les traditions des hommes sont mises en avant, il s'agit d'une vaine adoration. Le véritable culte consiste à honorer les dix commandements.

La fausse adoration consiste à honorer les traditions des hommes.

La véritable adoration consiste à honorer les commandements de Dieu.

Dans Apocalypse 13 et 14, nous sommes confrontés à une tradition papale qui est exaltée au-dessus de l'un des commandements de Dieu, et cette tradition papale est la marque de l'autorité papale dans le monde. Connaissez-vous une tradition papale directement contraire à l'un des dix commandements, dont la papauté elle-même nous dira qu'elle est la marque de son autorité sur la terre ? Cette tradition est si vile aux yeux du Ciel que si quelqu'un continue à obéir au commandement de la papauté tout en sachant pertinemment qu'il est contraire aux commandements explicites de Dieu, "il boira du vin de la colère de Dieu". (Apocalypse 14:10).

Nous allons maintenant examiner plusieurs déclarations tirées de la littérature catholique qui montreront de manière concluante que la marque d'autorité de la papauté se trouve sur la terre.

> Prouvez-moi, à partir de la seule Bible, que je suis tenu de sanctifier le dimanche. Une telle loi n'existe pas dans la Bible. C'est une loi de la seule Église catholique. La Bible dit : "Souvenez-vous du jour du sabbat pour le sanctifier". Par mon pouvoir divin, j'abolis le jour du sabbat et je vous ordonne de sanctifier le premier jour de la semaine. Et voici que le monde civilisé tout entier s'incline dans une obéissance respectueuse au commandement de la Sainte Église catholique. - Thomas Enright, CSSR, Président, Redemptorist College (catholique romain), Kansas City, MO, 18 février 1884.

> L'observation du dimanche par les protestants est un hommage qu'ils rendent, malgré eux, à l'autorité de l'Église [catholique]. - Monseigneur Louis Ségur, Propos simples sur le protestantisme d'aujourd'hui (1868), p. 213.

> Si les protestants suivaient la Bible, ils devraient adorer Dieu le jour du sabbat [samedi]. En gardant le dimanche, ils suivent une loi de l'Église catholique. - Albert Smith,

chancelier de l'archidiocèse de Baltimore, répondant au nom du cardinal dans une lettre du 10 février 1920.

En adoptant des lois pour la sanctification du dimanche, l'État reconnaît involontairement l'autorité de l'Église catholique et exécute plus ou moins fidèlement ses prescriptions.

> Le dimanche, en tant que jour de la semaine mis à part pour le culte public obligatoire du Dieu tout-puissant, qui doit être sanctifié par la suspension de tout travail servile, de tout commerce et de toute occupation mondaine, ainsi que par des exercices de dévotion, est une pure création de l'Église catholique. - The American Catholic Quarterly Review, janvier 1883, pp. 152, 139.

> Les protestants... acceptent le dimanche plutôt que le samedi comme jour de culte public après que l'Église catholique a fait le changement.... Mais l'esprit protestant ne semble pas réaliser que... en observant le dimanche, ils acceptent l'autorité du porte-parole de l'Église, le Pape. - Our Sunday Visitor, 5 février 1950.

> Il est bon de rappeler aux presbytériens, aux baptistes, aux méthodistes et à tous les autres chrétiens que la Bible ne les soutient en rien dans leur observation du dimanche. Le dimanche est une institution de l'Église catholique romaine, et ceux qui observent ce jour observent un commandement de l'Église catholique. - Prêtre Brady, dans une allocution rapportée dans le Elizabeth, N.J. "News", 18 mars 1903.

La marque de l'autorité de l'Église catholique dans le monde est l'observance du dimanche. Cette tradition n'a pas sa place dans la Bible. Elle trouve son origine à Rome, et lorsque nous honorons la tradition du dimanche, nous rendons hommage à la papauté. Le dimanche va directement à l'encontre de l'enseignement du quatrième commandement, qui déclare

> Souviens-toi du jour du sabbat, pour le sanctifier. Pendant six jours, tu travailleras et tu feras tout ton ouvrage ; mais le septième jour est le sabbat du Seigneur ton Dieu : tu ne feras aucun ouvrage, ni toi, ni ton fils, ni ta fille, ni ton serviteur, ni ta servante, ni ton bétail, ni l'étranger qui est dans tes portes : Car en six jours l'Éternel a fait le ciel et la terre, la mer et tout ce qui s'y trouve, et il s'est reposé le septième jour ; c'est pourquoi l'Éternel a béni le jour du sabbat et l'a sanctifié. - Exode 20:8-11.

La papauté nous dit exactement ce qu'est sa MARQUE.

> Bien sûr, l'Église catholique affirme que le passage [du samedi au dimanche] est un acte de sa part. Et cet acte est une marque de son pouvoir ecclésiastique et de son autorité en matière religieuse. - C. F. Thomas, Chancelier du Cardinal Gibbons.

> Le dimanche est notre marque d'autorité.... L'Église est au-dessus de la Bible, et ce transfert de l'observance du sabbat en est la preuve. - Catholic Record, 1er septembre 1923 (Ontario).

Par leurs propres mots, ils nous disent que l'observation du dimanche est la marque de la Bête. Rappelez-vous que Satan, le diable, a donné à l'Église catholique son pouvoir et sa grande autorité dans le monde. Puisque la papauté est aux ordres du diable, c'est le diable qui veut que le monde enfreigne le commandement du sabbat de Dieu et adore la papauté le dimanche.

Apocalypse 13 et l'histoire actuelle nous disent que quelque part, les Jésuites fomenteront une nouvelle attaque terroriste ou créeront une autre crise, et qu'à la suite de celle-ci, ils seront en mesure d'instituer leur désir planifié - une loi nationale sur le dimanche. Ils ont utilisé Waco, Oklahoma City et les catastrophes du World Trade Center pour éroder les précieuses libertés constitutionnelles en Amérique. Ces trois événements ont tous été bien planifiés afin de conditionner les Américains à renoncer à leurs libertés achetées dans le sang. Il s'agit d'une tendance qui se développe et qui ne cessera pas tant que des lois du dimanche ne seront pas adoptées dans ce pays, puis dans le monde entier. Ces lois entraîneront des persécutions sanglantes, comme à l'époque des ténèbres.

Un jour, très bientôt, il n'y aura plus que deux groupes dans le monde entier. D'un côté, il y aura la grande masse de l'humanité alignée sur les Jésuites du Vatican, en rébellion directe contre le Dieu de l'univers. L'autre groupe sera un groupe beaucoup plus petit, composé de ceux qui aiment Dieu et observent tous ses commandements. La grande ligne de démarcation portera sur les dix commandements, et plus particulièrement sur le quatrième commandement, celui du sabbat.

De quel côté serez-vous ? Adhérerez-vous à l'objectif ultime de la papauté, l'observation du dimanche, ou adhérerez-vous au grand signe du pouvoir de Dieu de créer et de racheter - le sabbat du septième jour ? L'observance du dimanche, hommage au pape et aux jésuites du Vatican, conduira l'Amérique, puis le monde, à la dévastation et à la ruine ; tandis que l'observance du sabbat, qui représente la soumission totale aux commandements de Dieu, conduira à la vie éternelle avec le Seigneur Jésus-Christ.

> Si quelqu'un adore la bête [l'Église catholique] et son image, et reçoit sa marque [l'observance du dimanche] sur son front ou sur sa main, il boira du vin de la colère de Dieu, versé sans mélange dans la coupe de sa fureur, et il sera tourmenté dans le feu et le soufre, en présence des saints anges et en présence de l'Agneau : - Apocalypse 14:9, 10.

Autres livres de ce même éditeur dans cette même GRANDE édition :

1. À la recherche de la croix, Auteur : Robert J. Wieland.
2. Introduction au message de 1888, Auteur : Robert J. Wieland.
3. 1888 Réexaminé, Auteurs : Robert J. Wieland y Donald K. Short.
4. le coup de poing à la porte, Auteur : Robert J. Wieland.
5. 10 Vérités sur l'évangile, Auteur : Robert J. Wieland.
6. notre avenir glorieux, Auteur : Robert J. Wieland.
7. révisions modernes, auteur : Robert J. Wieland.
8. le Verbe s'est fait chair, Auteur : Ralph Larson.
9. proclamer sa puissance, Auteur : Ralph Larson.
10. L'Évangile dans le livre des Galates, Auteur : E. J. Waggoner.
11. Lettres aux Romains, Auteur : E. J. Waggoner.
12. Alliance éternelle, Auteur : E. J. Waggoner.
13. le Christ et sa Justice, Auteur : E. J. Waggoner.
14. 1888 Matériaux ; Volumes 1-4 en anglais, Auteur : Ellen G. White.
15. La voie consacrée vers la perfection chrétienne, Auteur : A. T. Jones.
16. le message du troisième ange ; 3 volumes, auteur : A. T. Jones.
17. Leçons sur la foi, Auteurs : A. T. Jones et E. J. Waggoner.
18. Daniel et l'Apocalypse Volume 1, Uriah Smith.
19. L'histoire de Daniel le prophète, Stephen Haskell.
20. Le voyant de Patmos, Stephen Haskell.
21. Les terroristes secrets, Bill Hughes. * Première édition en français.
22. Le Vatican contre Dieu, Los Milenarios. * Première édition en français.
23. Profil de la crise à venir, Donald E. Mansell. * Première édition en français.
24. Se préparer à la crise finale, Fernando Chaij. * Première édition en français.

*Si vous souhaitez acheter en gros, le minimum est de 50 livres et vous pouvez nous contacter par email :
kalhelministries21@gmail.com

www.ingramcontent.com/pod-product-compliance
Lightning Source LLC
Chambersburg PA
CBHW080859010526
44118CB00015B/2209